中国
空间
China House

CONTENTS

目录

## FORUM

**畅谈 · 未来教育**



## EXHIBITION

**遇见 · 未来教育**



## INCUBATION

**孵化 · 未来城市**

F O R U M

# 畅谈·未来教育

FUTURE EDUCATION

融合 赞赏 尊重大自然

美学培养

多元化 感受力

自然生长

# 全球胜任力

观察自己

身心平衡

主动学

## 自主性和适应性

社区

发展孩子的个性 持续成长

自由的能力

乐于反思 鼓励 不卑不亢 在体验中去学习

谦卑与尊重 **信息和技术应用能**

因材施教 勇于践行

尊重个体

沉浸式的学习

重视传统文化

创造性

积极的生命状态

文化根基 和平公正可持续 静待花开

批判性思维

人文精神

领导力和责任感

拥有幸福的能力

解决问题的能力

参与 有趣的人

沟通能力

勤于观察 多元的生活体验

自然博物

没有边界 平和

全球意识

全球和文化意识

智能化 真实的生活 善于总结 全球公民

敏于领悟

在终身学习模式普及的未来，每一个人都在与时代赛跑，教育的先进性将决定个体与民族的核心竞争力。未来教育关乎孩子，关乎他们面对这纷繁变幻世界的胜任力，而未来教育的优劣和效率，则可以影响到一个国家的人力资源开发战略。小至个体，大到民族，未来教育关乎个人、家庭、社区、国家和世界。

我们关心未来教育，并向全社会发起探讨，寻找教育更多的可能性。

我们邀请了 100 位来自不同行业、不同年龄段的人，针对未来教育分享自己的观点和思考。他们中不乏以艺术为载体，践行“教育非他，乃心灵的转向”的行动者；以及具备敏锐洞察力、深刻觉知力和坚定执行力，在已知的场景下，寻找应对未知每一种可能性的探索者。本书精选了部分精彩发言，希望通过“百人谈”展现不同的视角，找到未来教育与个人、家庭、社区、国家、世界的连接和方向。

# 教育百人谈

ONE-HUNDRED PEOPLE
TALKING
ABOUT EDUCATION

清华大学新闻与传播学院 教授

## 胡钰

当前教育的最大遗憾是缺失了人文精神，我们的教育体系太看重工具理性而忽略了价值理性。我们应该培养更多具有使命感、创新力和文化品位的学生。

我在学校开设了一门名为“全球胜任力”的课程，课程内容有很大部分是带着学生走出国门进行全球实践。自 2017 年起，我们先后去过东非、南非、中东、南美、南亚等区域的不同国家。我们希望学生通过这门课程可以看到一幅真实的全球图景，可以看到世界的复杂性、文化的多样性，可以在关注中国的同时关注全人类。

每次带学生出去，我们都会做精心的安排，联系当地代表性的企业负责人、文化机构负责人、著名大学的教授、侨领等，让学生见到各行各业的精英。我们也曾多次拜访中国驻当地领馆，有幸见到领事并开展交流活动。

高级工程师

## 沈龙朱

未来教育还是要自然发展孩子们的个性。我们小时候家里也是这样处理的，特别是我父亲，表现好一点马上就表扬，还拿出去到处宣扬，小孩子就很得意。老师有时候批作文，其实小孩子的作文大多好不到哪里去的，他就会挑其中一两句话说实在是太好了，我们得了表扬，一得意就往这个方向发展了。现在看看那时候的文字，不成气候，但这种教育方法还是很好的。

（沈龙朱教授是著名作家沈从文之子）

清华大学多媒体艺术系 教授、系主任

## 陶亚伦

如果未来大量的产业都被人工智能取代，人类到底还剩下什么呢？很多人有这样的推论，目前大家好像都已经口径一致，人类回不到劳动型密集的时代，能做的应该只有创造型工作了。

有人说创造力是天生的，但我认为它是可以后天培养的，培养创造力就应该是教育的主要目标。教育要鼓励大家与众不同，整个教育系统需要更加多元、开放，要让艺术教育在未来扮演重要的角色。艺术教育不仅仅是一种审美熏陶，更是培养人的感性能力，以及讲故事的能力。总而言之，教育就是要帮助个体把这辈子活得很精彩，很大程度上，个人的精彩是对人类群体的最大贡献。

SMART 度假产业专家委员会 秘书长

## 王旭

未来教育不应该只是针对孩子和青少年，在未来，每一个人都需要持续迭代去适应社会的高速发展和各种变化。从某种角度来看，真实生活中的打击，可能比提供优渥的教育环境更加有效。针对未来教育常常有很多诗情画意的想象，但如果教育形式不能应对未来需求，很多人反而有可能会因为一些良好的愿望而被牺牲掉。

在我的心目中，个人能力在面向未来层面是有优先级排序的。这其中，好奇心是第一位的，通常意义上的生存能力反倒没有那么重要；第二是抗压能力，如果一个人没有过触底反弹的经历，这个人往往是非常平庸的，因为这可能意味着他从未挑战过高于自己的能力标准；第三则是组织协调能力，很多事情不是一个人就能完成的，需要学会试着去搭建系统，主动建立产业生态；第四是信息整合能力，我把它叫作产品力，也就是把很多抽象、零碎的信息整合成为完整的产品的能力。未来不仅是人与人的竞争，还是人与机器的竞争、人和 AI（人工智能）的竞争。去做只有人才能做的事， 才能在未来的竞争中立于不败之地。

## 马寅

阿那亚 创始人

我觉得个人是由环境成就的。我们成年人不能只是播种就够了，还要剪枝、松土、浇水，创造一个好的环境让他们自由成长。我们做阿那亚的初衷，就是要创造一个好的环境，让孩子们释放天性、回归自然。在阿那亚，到处可以看到“野孩子”，他们在不同的空间自由玩耍。孩子们在城市里很难像在这里一样自由自在，他们天天被人看着，不敢自己出去玩。阿那亚的业主彼此都认识，社区成为一个小型熟人社会，大家集体来维护美好和善的环境，让孩子在这样的环境中释放天性、回归自然，无忧无虑地成长。

## 黄峥

河北港口集团城市建设发展有限公司 副总经理

我们希望在西港引进不同的教育理念，让当地和周边的孩子能够有一个不一样的学校。国内目前的小学教育和初中教育太限制孩子的创造力了，孩子没有发散思维的空间。国内经济发达的一些地区虽然在教育理念上有一些改变，但总体上还是传统的教育体制占最大比例。

# 许佶

启行营地教育科技有限公司 副总裁


我们有幸生活在一个科技快速发展的时代，并且恰好处于一个时代转折点。如今，计算机、互联网、机器人已经渗透到我们的生活；未来，人工智能将会以更加错综复杂的方式融入我们生活的方方面面。未来的十年、五十年、一百年，技术的迅猛发展将给人类社会带来巨大的创新与变革。有人推测当前的职业中有 2/3 以上将会在未来大不相同，50% 以上甚至可能完全消失，而未来将会产生什么样的新职业还无从知晓。唯一可以确定的是，世界将会变得与今天非常不同。面对未来的不确定性，现在的孩子需要做什么样的准备呢？

我认为，数据素养、科技素养和人文素养是适应未来不确定性的关键。那些具有终身学习能力的人才能更好地面对不确定的未来。

我们追求的教育，需要具有足够的前瞻性，贴合时代变革轨迹，让孩子们在面对未来时游刃有余；我们希望能提供给孩子多元化的体验机会，因为世界存在着太多的未知与可能，等待被探索；我们希望能帮助孩子发现属于自己的天赋与特质；我们希望能点燃孩子内心的激情，使他们愿意用热情和时间去坚持自己的目标。

未来教育的场域一定不会局限于小小的课堂。当孩子们身处课堂之外时，他们可以思考自己与世界的关系。父母陪伴孩子，一起长见识、练意志，从某种程度上来说，父母的格局就是孩子的未来。

## 刘乃忠

北京中学 副校长

我从北京中学创办初就在这里工作。我经常听到很多人批评现在的教育体制，但说句心里话，作为管理者，我还是能够真实地感受到教育方式是在变革的，现在的教学方式已经从过去的纯应试教育转变为扬长教育。从前的纯应试教育是补短，为了总分高，哪里短补哪里，这样成绩的上升空间更大；但事实上，不同的人有不同的偏好，扬长教育更尊重人的本性，尊重教育规律。今天还有不少探索素质教育的学校带来了一些新的思想、新的成果，它们也带动整个教育行业不断变革。现在的集中问题可能是，考试的单一模式制约着教育变革——万千种方式，收口还是考试，这确实是有问题的。但中国现存的人口基数庞大，在这样的背景下，要在保持教育的公平公正的同时，解决这个问题，还需要一些时间。

## 李萍

世界联合学院（UWC）常熟分校 副校长

什么样的人才能被称为人才？这个孩子首先要能够走出自我的小圈子；第二要能够大胆地走出传统的课堂，走出教室；第三要走出学校的围墙，才能走向未来更大的舞台。

## Kathy Thurber

明尼苏达大学文学硕士
文学创作与创意写作教授

我们的教育过于注重实操技能，过于注重数学、科学和写作技能，过于注重回答问题的能力，以及解决实际问题的技能；而很少重视历史教育、哲学教育，思考我们从历史中能够吸取什么教训。我认为当前教育最大的问题是我们不重视人文学科的建设，在这方面投入的教学资源过少，课程也在不断缩水。从长久看，这样的学科设置倾向对社会发展是不利的。人文学科强调的是公正、伦理和历史。我们从人文、历史、哲学的著作中学到的知识都是成百上千年来世界各国人民流血得来的财富，我们只有历经现实的磨难才能明白自由的可贵，分辨什么是善与恶、美与丑，而现在我们却不肯花钱、花时间让我们的后代学习这些宝贵的内容。

如今人们普遍认为，教育应该培养个体技能，比如数理分析能力、科研能力、写作能力，但我认为未来的教育不只针对个体，还将聚焦于个体所在的集体，比如家庭、社区，乃至世界。教育需要培养学生的公民义务和责任，以及对于家庭和社区的归属感。

随着全球化不断深入，我们彼此依赖的程度也越来越高，这将引导未来的教育更强调集体的重要性。

探月学院督学 独立教育者

## 钱志龙

教育和其他行业最大的区别在于，不能只看当下短期的效益，而应该追求长远利得。比如要看孩子在15年后，面对社会时，是否仍然拥有足够的竞争力。我们误以为上一个好大学就有了一张进入上流社会的入场券，但这不过是20世纪的标准了。

这个标准如今虽然还存在，但已经吹响了即将灭绝的号角了。等到未来成功的游戏规则全部改变后，你想再随之改变已经来不及了。所以如果你现在十分焦虑孩子的教育问题，那么不应该只看大学这一条短跑线，而要从长远看看人这一辈子的幸福，一辈子的成功。

北京大学国家发展研究院 企业关系主任

## 王欣

我在北京大学国家发展研究院从事了十几年的商业管理教育，也就是大家熟知的MBA、EMBA，在这期间同时担任过几年学院的副院长，负责过招生工作。我个人最喜欢招生这部分的工作，因为参与招生工作能让我有大量的时间和机会，和申请的学生们当面交流。在这十几年里，我曾经和国内外30多个不同的国家和地区，大约5000多人进行过一对一的面谈。我对他们未来的职业发展非常感兴趣，关心到底是哪些因素塑造了他们的性格，成就了他们的梦想，而我们提供的教育在他们的人生经历中发挥了什么样的作用。为此我专门跟踪了大约100个MBA毕业生。以入学前、上学期间、毕业后两三年、毕业后十年为几个节点，我发现他们中大部分人越变越好。这些校友对于北大的MBA教育有以下三个方面的反馈：一是他们在MBA学习过程中认识了很多不同层次的人，了解了很多不一样的思维方式，极大提升了他们看待和分析问题的能力；二是他们的自我认知更清晰了，更清楚自己能干什么、擅长干什么和不擅长干什么；三是这段教育历程带给他们最大的影响是让他们觉得社会的发展变化、国家民族的命运是跟他们个体相关的，产生这种想法大概也和北大的文化氛围有关。我认为，未来的教育也应该能让人找到自我的人生使命和价值。

人才评估发展专家

## 路烽

最近，我围绕二代传承问题，研究了很多富裕的二代的案例。我发现未来的教育会从现在的以应试为主，专注于知识、技能方面的能力教育，转向以创造力、情商及领导力等方面的综合素质教育。未来也许会有很多工作将被人工智能替代，但人类的创造力和想象力是不容易被人工智能替代的。人与人之间需要有丰富的情感交流，需要分工协作来处理复杂的任务，这些需要对人的综合素质教育提出更高的要求。

山石智库 创始人
MIT 访问学者

## 李大巍

我心中的未来教育要有普惠性，每个人都有渠道获得，而且成本很低。我希望教育能消弥社会中的不平等，提升民族的综合实力，让整个社会更和谐。具体来说，人们可以利用一些高科技技术，比如我们熟知的人工智能、5G、VR、AR、多媒体技术等，把北上广深先进的教育方式带到全国甚至更广阔的地方去。未来教育的核心应该是培养创新意识，但鼓励创新并不是鼓励孩子们胡思乱想。在硅谷，存在一种说法，即创新有四个关键点（LAST）：生活（Life）、艺术（Art）、科学（Science）和技术（Technology）。中国的教育较多关注后面两点，这导致人们时常忽视了艺术和生活对年轻人成长的作用。

## 欧文

财讯传媒 副总裁

我觉得未来的教育应该是终身制的。我曾在南非学习了五年多的时间，那里有很多六十多岁的人仍在大学进修。现在科技这么发达，我们的寿命都可能变长，相对地，工作年限也会延长，这将推动我们的学习不断向终身制转变。

## 吴越

新学说 创始人

现在经常听到大家在谈论未来教育。有人说未来教育要有非常棒的物理空间，要提高教育空间的舒适性，现在排排坐的教室过于呆板。但我认为，未来教育的关键并不是物理环境的再造，也不是加入新科技就变成了未来科技教育，而是一种更重要的文化环境，这个环境能激发孩子的想象力和创造力，能够给孩子足够的生活体验，如大自然体验、挫折体验等。我一直从事国际教育，和传统教育相比，国际教育相对而言更关注未来。目前我们培养孩子的方向是让他们更有包容心，有更广阔的视野，即“创新中国，认知世界”。

## 陈馨田

启行营地营员 12 岁学生

如果让我打开脑洞去畅想未来教育，我希望像《神奇校车》（*Magic School Bus*）里面描述的那样，老师带着学生进入要学习的东西里面去——如果要学人体，就真正进入人体里面，亲眼看看那些细胞；如果要学那种特别小的昆虫、动物，就把自己压缩成它们那样的尺寸，用它们的视角来看世界。这样的教育才比较好玩。

天下溪自然学园 园长

## 郝冰

教育者要把握未来的变化趋势，主动探索那些跟人类本质相关的部分。一是从个体生命的角度来讲，他要有独立思考的能力，能够充分地感受和表达；二是社群性的角度，他在这个社会中间是能够合作的，而不仅仅是竞争的。我之前是大学老师，从大学出来之后，开始做自然教育，因为我觉得自然的美和精神能够激发孩子长久的兴趣和好奇。在北京郊区、在贵州草海、在青藏高原……我可能给几千个孩子上过课。对未来的孩子，我希望他们能够很自在。

教育设计媒体《灵犀空间》创始人

## 廖晶

一直以来人们普遍认为人类是高于其他生物的，但是我倒觉得应该反观自身，试着向动物的教育方式学习。虽然大多数的动物幼崽还是由它们的父母抚养，但是教育是由整个族群参与的，等它们慢慢学会了各种生存技巧，长大也成为了父（母），再用同样的方式教育自己的孩子。我觉得这是自然法则里面最有效的一个教育方式。我们现在把教育区分成各种各样的学校教育、家庭教育、社会教育，我倒是更倡导一种融合式的教育，三者共同作用于孩子。教育到底应该做什么呢，我觉得应该是多观察、多思考，最重要的一件事是要等待，最后才是去支持。我们成人总觉得自己会更厉害一些，更有能力，所以一定要控制孩子的成长过程，这是有问题的。

童书妈妈 创始人

## 三川玲

现在的教育，我觉得大部分还是延续了德国的普鲁士教育体系，为制造一个个社会机器运转所需要的零件而采用的标准化教育。那么这个过程中，一是存在竞争，为国家选拔人才；二是需要淘汰，不符合常规标准的人是要被社会系统筛选掉的。我认为这是一个导致大多数人都是输家的教育方式。对于未来教育，我认为应该有三个标准：首先其过程是幸福的，童年不是为成年做准备，童年有它自己的意义；其次个体是幸福的，教育应该因材施教，成就每个人的人生；最后其目标是幸福的，不能是考上大学这种阶段性的目标，而是要追求长久的幸福生活。

家庭美育专家 畅销书作者

## 戴亚楠

我希望未来的教育能让父母和孩子都感觉到真正的幸福。我们这一代人做父母学了特别多理论，对于各种各样的教育流派如数家珍。当我们特别焦虑地去学习这类知识的时候，其实我们忽略了一点，就是父母作为成年人在整个教育过程中也需要有获得幸福的能力。如果父母做的一切努力都是为了孩子，自己却不幸福，那么孩子看到一个痛苦的样板，也无从理解美好的生活是什么样子的。孩子不仅仅要在各种各样的学堂学习不同的技能，更要去全方位地感受。如果自己的父母是非常有趣的人，生活里有艺术、有细节，孩子也会愿意吸收和接纳。

## 胡新宇

四合书院 联合创始人
北京文化遗产保护中心 理事

真正的好的未来教育，应该是可以标准化的，也只有标准化才能实现普惠。但是同时还需要有一个非常重要的判断标准，就是在一个相对标准化的体制里，可以有一些个性化的选择。我们正在进行的文化遗产教育，本身就跟未来教育非常相关，如果我们把未来教育的目标设定为，针对孩子的自我认知中的某个文化属性提供相应的机会，那么文化遗产教育就是帮他比较快速地，或者比较准确地，找到自己在文化遗产方面的文化属性，同时也是他个人的文化属性。

## 龙念南

中国儿童中心 高级美术教师

先用商品市场打个比喻，最初是人和人之间互换彼此的物品，后来产生了定期市集，再后来有了固定的小门市。随着社会的发展，场地变化了，有了商场和超市，我们可以在一个地方选择很多东西。与此同时，超市之后又出现了很多品牌直营店、单品专业门店。我觉得未来教育就应该有很多很多的专业门店和品牌门店，而不是现在课堂的概念，受教育的人可以任意去体验不同的服务。那么传统的教师就要转型成好的导购，不会主动去找你，但在你需要的时候，也可以用最专业、最好的方式给你想要的知识。同时，教育当然应该是全年龄段的。

中央美术学院 副教授

## 李帆

中国的艺术教育从早期建构到今天，其实是一个非常漫长而艰难的过程，它有其自身的问题，例如形式非常单一，但也不能因此而简单地把它取消。相对艺术，我更愿意使用“美术”这个词语。美术能引导个体不断观察，包括对细节的关注、对生命体的关注、对万事万物的关注。美术特别强调“我就是我”，从小可以让孩子知道“我”是谁、“我”的态度、“我”的观点、“我”的观察是否重要。我觉得这样的认识能给个体带来好处，能让人人都有创造性意识。但是在我们现在的教育系统里，常常把成绩作为优秀的唯一衡量标准。

天生我材必有用，每个生命个体在这世界上都应该是有用的，孩子的有些能力可能并不能带来社会通常意义上的成功，家长因此也不鼓励，也不相信孩子的持久力，觉得他们的兴趣只是三分钟的热度。我个人觉得还是要从小培养孩子的判断力，要信任他的判断力，然后再加上正确的学习，以及其他必要的认知，我想他能判断出到底喜欢什么。

袁家村胡想大学 创办人

## 车明阳

我觉得未来的教育应该是回归生活的，整个的教育场景应该就是人的生活过程，那么教育和学习就应该是持续终身的。人要认识他自己，搞明白自己是一个什么样的人，希望这一辈子是怎么活的，这就形成了他独特的信仰和价值观，而这些东西其实会支配他去关注什么、学习什么。我相信未来信息技术的发展，让人也不再需要坐在教室里去学习、去了解前沿信息，那时候一个人的学习、思考、思辨、总结、升华、反思和内化的能力就是最关键的。

博物探索学校 创始人

## 杨 晔

从我个人角度来说，博物学是一个敲门砖，这个敲门砖的目的不是为了让每个人成为一位博物学家、生态学家、自然学家，而是让每个人懂得我们需要去尊重大自然，我们是渺小的。未来教育首先要帮助人们寻找到自己的理想，鼓励人们去实现它，然后可能就会出现跟它相关的课程体系，个人由此习得能力，最终一生掌握一个或者多个方向。另外，未来教育一定是多元化的，我们不仅要去感受我们的生活，还要感受不同族群的生活。见到了不同人的生活，才能更理解文化的差异，人类就更加互相理解。除此以外，未来教育能让我们站在完全不同的物种角度去思考，比如，想象自己变成一条鱼，你会怎么看待这个世界，如果你是一枝花，你又会怎么去感受这个世界。到那个时候，人们就更能学会尊重地球了。

壹点研学旅行 创始人

## 任君萍

我希望通过未来教育，能够帮助孩子完善人格。我们的研学旅行，会带着中国的小朋友走进美国的太空营地，孩子们可以像美国宇航员一样，接受当地的培训，去完成一些任务；也会带着孩子们进入亚马逊总部、微软总部，跟着那里的程序员进行一些编程的学习；还会邀请法国的默剧大师来到中国，给我们的孩子们做培训，并参加很多公益活动。我们做这些事情的初衷，是希望孩子能够用更开放的心态去认识这个世界，让孩子在潜移默化中学习对自己负责，从而让他们内心富有大爱，更加关注社会、关注他人，愿意为社会、为他人贡献自己的力量。

著名当代艺术家

## 韩中仁

目前中国的教育模式，从小学到高中，都是奔着高考这个门槛去的。好像只有高考成功才能确立孩子的成长，个人爱好和兴趣全部受到遏制，这确实太窄了。好多家长找到我说："我们孩子学习不好，看能不能跟您学学画画。"这是一个挺悲哀的现实。中国未来教育应该借鉴一些国外的先进教育模式，找到适合孩子成长的全方位培养方式；此外还要反思现在的评价体系，不能只考虑几门主课的成绩，要从文学、艺术、体育等其他方面全面衡量学生的素质。我现在的绘画风格越来越抽象，实际上也是我思维方式的一种转变，我也希望教育能从思维方式上有根本的改变。

北京青年政治学院 讲师

## 何迪

我们未来的教育应该让所有人都能够感受到社会的善意，能够觉得自己没有被抛弃。我是做中国画的，我也希望在中国画这个方向有一些探索，能够帮助年轻人更好地认识自己。我常常问我的学生，你身为亚洲人，身为黄种人，你自豪吗？作为中国人，你有没有优势？但是学生们，特别是男孩子都会说没有优势，很自卑。他们好像看不到未来，没有希望，这是一件很可怕的事。西方有很多东西确实很优秀，但我们也要让孩子们知道自己的文化优势在哪里，我希望未来的人都能通过教育来改变自己，而不是心怀畏惧。

## 颂今

童联社 创始人

现代人的焦虑、痛苦、不幸福感，还有很多我们看不见的情绪并不能以他们所获取的社会标签来抵消，反倒是这些社会标签越多，随之而来的痛苦和纠结也会更多。对于一个人，永远不应该只是重视物质层面，因为精神的层面是起决定性作用的。所以未来的教育是要成就孩子的多种可能性，而这些多种可能性的底层基础，也就是冰山模型水面以下的部分，是孩子的通用能力和核心素养，是他们面对未知的勇气和面对问题时的心态。

那么我对未来教育的期许，就是应该让孩子自主地去对他擅长的和感兴趣的领域进行延伸和探索。孩子是没有明确的形状，没有明确的边界的，他可以随意向他感兴趣、擅长的领域伸出触角，成为任何的形状。

## 马岩

音乐家 佛像雕塑家

中国手碟第一人

现在我给孩子们讲课，不会再用以前的老办法，不会再拿着一本理论书或者用固定的节奏。我希望他们感受自然，前段刚结束一个课程，课上我把中国的宫商角徵羽五种调式描绘成五种不同的季节——春、夏、长夏、秋、冬，让孩子们充分发挥想象力，倾听大自然，感受每一个中国调式带来的独特魅力。我心中期待的未来教育，是能够让中国与世界真正接轨，把西方好的东西带进来，同时也不要忘记我们中国人自己的祖先留给我们的宝贵财富。

职业画家

## 杨雁翎

作为一个传授者，要有一双善于发现和体谅的眼睛，要因材施教。创造性是很重要的，给小孩子上课是一件特别快乐的事，他们经常会给你惊喜。我们班里有一个五岁的小姑娘，我教孩子们画美人鱼，她问我：老师，我可以把美人鱼的嘴画成歪的吗？我问为什么呢？她说因为老师的嘴就是歪的，我想把美人鱼画成老师。顺着孩子的思维走，特别是艺术上面，尽量少用对、错两个字，多去发现孩子的优点，多去鼓励。很多时候，天分也是被鼓励出来的。

生活美学实践教育者

## 王淳风

从我的个人经验出发，未来教育一定要加强孩子美学方面的培养。科技社会的生活都是快节奏的，孩子们也是随着这样的节奏成长，与此同时，还要培养孩子们的细腻与耐心。美学包括的内容非常多，不仅是日常的穿衣搭配，更多的是心、手、脑三位一体的结合，是一种日常滋养。中国传统文化博大精深，但现在传承得比较粗糙，希望未来有更多的教育机构、有识之士，为孩子们建立一个美学系统。

传统漆艺师

## 张哲豪

身边的朋友经常苦恼于学校教给他们孩子的都是一些标准化的东西。这会让他们长大以后丧失自我选择的能力，错过获得幸福的方法。现在的信息公开化程度很高，获取信息的能力尤显重要。比如我们手艺人，如果在制作过程中遇到了一些问题，我们可能会通过平台或某些教育渠道，去了解一些过去没有办法很便捷学习到的秘方。希望在未来平等、安定的社会里，每个人都有自己选择的权利，也都能找到自己擅长和喜欢做的事情。

北京大学教育学博士

## 张国兵

我无法预测未来教育是什么样的，但是为了能够在未来更好地适应社会，孩子们需要具备一些素质，比如持续学习的能力。他们需要对这个世界有兴趣、对客观的事物有兴趣、对社会有兴趣、对他人感兴趣，还要对自己感兴趣。他们愿意去深入地理解这个世界、理解他人，包括理解自己。未来也许会全面进入人工智能时代，而人类特有的那些品质相比之下就显得更为珍贵。人类丰富的想象力和丰沛的情感需要持续的滋养。

梧桐院子 联合创始人

## 唐佩敏

关于孩子的培养，我认为首先要把他培养成一个人，一个完全的人。他要有爱、有责任，要有正确的价值观。未来教育，用一句话来讲，应该是遵循规则、达成共识，努力塑造一个全球化的、统一的价值体系，然后互惠共赢。

摩尔妈妈 创始人

## 姚娜

过去二十多年，整个社会获取知识的方式已经发生了巨大的改变，获取知识的成本随着信息公开化而降低了。其实人类不需要去学习无穷的知识，但是随着社会的发展，人类会面临更多新的、不确定的问题。未来教育一定是培养孩子解决问题的能力，这其中有两个关键点：第一是以解决问题为中心。知识现在已经相对繁复，所有的学习都应该有目标，这个目标就是要解决问题。第二是主动学习。在解决问题的过程中利用便捷的现代技术手段，高效、快速地获取知识和信息，而不再是课堂授课这种被动灌输的过程。

北京奇思可睿探索乐园 创始人

## 沈翀

未来的课堂会多元化，它不仅仅是在一间教室里面，也不只是听老师去讲述知识，可能更多的是在一个环境氛围里面，一起进行一种沉浸式的、主题式的活动。让孩子由自己的兴趣带动，去自由地探索、去获取知识。现在是一个互联网的社会，人工智能也在极速发展，很多职业将来可能会被机器取代，所以未来教育的主旨应该是人格教育，比如学习批判性思维、学习情感表达。

幼教品牌小熊来玩 联合创始人

## 江涛

我觉得教育的最终目的是让孩子获得幸福的人生。基于心理学的观点，幸福是一种能力，而不是一种状态。未来要培育的是有幸福能力的孩子，而不是终其一生都在苦苦追寻幸福的孩子。很多研究表明，在 6~8 岁之前 学校教育需要和家庭教育联动起来，去培养孩子的身、心、智、语、学五个方面的综合能力，也就是通过教育让孩子获得身体强壮的能力、心理健康的能力、独立思考的能力、沟通和表达的能力、学习和创新的能力。从这五个方面培养出的孩子，才是真正的在未来有幸福能力的孩子。

融聚邻里 CEO

## 王有明

我本人原来是做金融的，五年前开始从事教育相关的工作。我把“教”和“育”分开去思考的，“教”的部分，现在有很多机构已经做得很好了，而“育”这部分，普遍效果不佳。因为这部分的工作是比较重视个体的个性化发展的，所以我认为社区教育也许会起到很好的帮助。

社区教育是一个典型的以场景为核心，依托社区、围绕家庭和学校共育的生活场景。我们针对 3~8 岁的孩子，曾做过“融聚邻里”社区教育。很多理论告诉我们，孩子在 7 岁之后，思维方式和情感模式都基本成型了，因此我们选择 3~8 岁这个年龄阶段。整个过程围绕社区在家周边 100 米的区域建立微型学校，利用创新型工具为社区居民提供全新体验的教育服务，致力于让家长参与到孩子的整个成长和教育过程当中。

启行营地教育 总裁学术助理

## 左彤

我认为教育赋予人最宝贵的财富是强烈的好奇心与不断尝试的勇气。 不要给自己设限，对于任何新鲜的、还不够了解的事物，都应该抱有强烈的求知欲。只有勇敢地去不断探索和尝试，才能让我们的视野和心胸越来越宽广。在不断探索、打开一扇扇大门的同时，我们也要学会放弃，关上其中的一些门。这个世界上，有太多的人在做不同的精彩的事情。在这样的浩瀚面前，一个人的时间和精力十分有限，所以最重要的就是在不断探索的过程中，找到自己最热爱的事物、最真诚的信仰，让这样的热爱和信仰成为自己精神上的支柱。无论何时何地，无论取得了成功还是遇到了挫折，人们都可以隔离世俗的噪音，保持初心，勇敢前进。在不断地探索和放弃之中，千挑万选、千锤百炼之后的那一份追求，会是人最强大的能量和最宝贵的财富。

大久美术馆木工坊 课程总设计

## 宋骁

现在的教育太偏重于竞争、排名和分数，而我觉得学习是一种生命的本能，它是一种天性。如果孩子对生活感兴趣，他就会自觉地学习，而不是我们来给他灌输一些他不喜欢的东西。

我希望未来教育能够回归真实，带领孩子回归到真实的生活中去。

大久美术馆木工坊 创始人

## 谛佳峰

谈到教育，我联想到的不是教室，而是各种各样的环境，田野上、大树下，有各种各样的味道，有风声……

教育不光是理论知识，更多地需要去实践。带孩子进入场景，了解孩子的想法是什么很重要，尊重他的选择，再去培养他的喜好。

梧桐院子 创始人

## 姚栩

我希望未来的教育不仅是课本上的知识，还可以有更多不同的课堂，去让孩子找到自己的天赋和兴趣；或者各种课堂以外的知识体验，让他能够找到自己可以从事的，同时也擅长的职业。

# 从服务他人启行

## 实践自我认定的未来教育方向

文/赵蔚

对教育的思考，从我成为母亲的那天，才真正开始。

从一本本教育经典的阅读，到蒙特梭利幼儿园、国际学校的选择；从“照书养”的亦步亦趋，到“找外援”的孜孜不倦，我深深感受到，教育，既有永恒不变的金科玉律，也有可以不断拓展的广阔天地。

### 初识“服务学习”

2008 年汶川地震，我儿子 Harry 上小学四年级，他和几个小同学凑到一起，带着从学校各种公益活动中有样学样想出来的方法，用“义卖筹款”的方式，自己赚钱去捐款。孩子们自己写活动条幅，自己动员周围的伙伴们拿出闲置的物品，自己宣传组织，吸引了不少人参加义卖，一个下午的时间，竟然就筹到了万余元。

这次捐款的几位“核心成员”的家长们，被孩子们的行动激发了热情，联系到中国青少年发展基金会，申请成立了“小天使行动基金（LAA）”，不仅是捐款，孩子们更是亲自前往灾区，和汶川地震后的孩子们一起生活、一起做活动，开展心灵救助，提供人文关怀。

**赵蔚 Lily**

一位致力于社会教育实践与创新的妈妈

启行青少年发展基金会创始人

启行教育集团创始人

中国营地教育联盟主席

这不过是孩子成长过程中一件小事儿，却影响了我之后的人生轨迹。从汶川公益活动开始，LAA 用公益孵化器的方式，支持很多“孩子帮助孩子”的活动落地生根。也正是在这个圈子里，我接触了专业的香港社会工作者、各种艺术创新教育探索者，并且有机会去美国参加“服务学习大会”。

服务性学习（service learning）对于十几年前的我们，还是非常“新潮”的一个教育词语。简单说，服务性学习是一种学生通过参与真实世界中所需的服务，用自己所学的课程知识服务于社区，从而促进知识和技能学习，并培养学生良好的公民责任感的教育形式。在美国“服务学习大会”上，对于做项目、做服务与学知识、长本事之间的化学反应，让去参会的启行小组成员叹为观止。这个仿佛从未来穿越回来的教育方法，让我们清晰看到了差距，更看到了方向。这也是为什么启行营会直到今天，仍会在各个年龄段设置“体验式、项目式、服务式学习”的旅程。

反观我的孩子和小天使行动基金的实践，我们确实在孩子们“服务他人”的公益项目中，看到了“成就自己”的例证，解决问题的能力、与人沟通的能力、时间管理能力、责任感都有提升，甚至学习动力都被激发出来了。

## 钟情“营地教育”

当有机会把教育探索的范围扩大到世界，营地，这个有趣而独特的教育形式，我们必然不会错过。

Harry 最早是利用暑假去美国参加营地活动。湖边小木屋、百余项营地活动、全世界的伙伴、亲密的营地文化，都让他念念不忘。启行创办以后，他既是营员又是编外工作人员，在营地里学习，在营地里帮忙。12 岁的时候，他带着 10 个大学生，把新营地空间的家具从头安装起来；15 岁的时候，他成为第一批国际青年营的营员；16 岁的时候他去美国 K&E 当青年导师，带 8 岁组的小营员，每天工作 16 个小时；大学期间的暑假，他都回到启行国际青年营，做导师、带活动……

像他这样的孩子，启行还有很多。从小在营地长大，又回来服务营地，三观正、能力强，提前储备了多任务处理能力、共情力、沟通力、合作力、创新力，甚至在应聘工作的时候，这些软实力都熠熠生辉。

营地教育已经有 150 年历史，在这个独特场景里，孩子们有机会为未来储备能力，为将来做好准备，因此这样经典的教育方式就拥有了“未来的力量”。

## 实践自己认定的“面向未来的教育”

无论是服务学习，还是营地教育，从为自己的孩子寻找教育资源到创办启行，服务更多家庭在全球配置教育资源，我有自己的教育执着——见过最好的，便不愿意委屈孩子。

这个“最好”，需要满足那些永恒不变的教育追求——终其一生去成就那个最好的自己。这就需要教育者去探索基于孩子真正需要的、个性化需求的教育尝试，去激发孩子源于内心的好奇心与探索欲。

这个“最好”，需要有趣，因为学习本就该充满意趣。成长，不该只是一个结果，更有意义的是那个俯首拾趣、日渐充盈的美好过程。

这个“最好”，需要具有前瞻性。在知识获取趋渐便捷的今天，我们需要不断自省，什么才是为“将来”做好准备的成长经历。

这个“最好”，需要面向未来，始于足下。启行第 11 个年头，因为之前的实践与积累，我们将从西港再出发。博物，将是我们的主旋律。为什么是博物？

因为有趣。孩子与自然、动物，有着天然的亲近与联结，有着共同的灵性与美好，博物探索的路上，必将一路惊喜。

因为场域的无限广阔。从冰川极地到草原、沙漠，在全球生物多样性的热点地区，把世界当作课堂，把万物当作课本，在知识信息唾手可得的今天和未来，亲身体验，更加难能可贵。

还因为，这是一个汇聚了各方力量的教育探索。博物学家、动植物学家、野生动物摄影师、艺术家、建筑设计师、健康烹饪师……教育就应该吸纳最好的人才，未来教育更是如此。

对于未来教育，不同的人有不同的理解。思考重要、反省重要，而实践与行动更加重要。因为，未来不是我们要去的地方，而是我们创造的地方。

在教育之路上，启行将与更多的孩子、更多的家庭、更多的教育者同行；启行的口号“没有围墙的学校，没有边界的教育”，从西港开始，也将会拥有更丰富的含义。

# 接受自我 感知生命

## 一位自然主义者的眼中的教育

文/基卡

高丰是典型的高知成功人士。他毕业于英国剑桥大学，拥有电子工程学一等荣誉学士学位和文学硕士学位；是一位产业投资人，同时热衷于公益事业。不过对于高丰而言，可能最重要也最引以为傲的身份是三个孩子的父亲。

## 三个孩子的自然主义父亲

高丰的孩子们出生在香港，就读于国际学校。相对来讲，孩子们的课余和假期时间略长一些。高丰就可以充分利用这些时间，带孩子们做一些课外探索，比如参加启行的营地活动，已经成为他们的假期惯例。

高丰将自己定义为一个自然主义者（naturalist），他主张孩子们要深入到环境中去感受世界。古人讲读万卷书，行万里路。在高丰看来，当今的社会语境下，可能行万里路比读万卷书更加重要。书本和知识在古代是稀缺资源，在今天的互联网时代已经非常容易获取；而行万里路相对而言更需要智慧和决心。今年夏天，高丰和孩子们跟随启行营地去北极考察，亲眼看到地质学意义上的痕迹，观察极地气候下各种动物的状态。通过了解北极过去几十年的变化，孩子们更深刻意识到全球气候变化、北极变暖的问题，这些经历远比书本上习得的更加直观、有效。

远行对于孩子们的影响并不仅仅停留在知识层面，高丰发现孩子们的性格也产生了很大变化："我的大女儿天生性格不是很开朗，很少主动去跟别人交流，虽然我们在家里尝试了各种鼓励，总还是觉得收效甚微。五六岁大的时候，她对小区里的儿童攀爬架还有一些畏惧。女儿七岁那年，我们第一次带她参加了一个在瑞士的夏季营地。短短两周的夏令营回来之后，她居然敢去尝试十几米高的参天大树之间的滑索了。也许是营地导师的鼓励，又或是其他小朋友的尝试，大家互相之间的加油，让她竟然发生这么大的改变。另外，我们发现孩子在封闭单一的环境里很难突破一些学习困难，可是进入一定情景之后，她就自然打开了。我儿子学习滑雪就是一个例子，根据欧洲的经验，小孩子三岁就可以去学滑雪了。可是我们带他去了几次，他连最平的、给婴儿准备的滑雪道都不敢上。之后我们又跟随启行去欧洲的营地滑雪，两周回来后，他连阿尔卑斯山最难的黑道都敢上了，还拿了一个奖牌，对自己也信心倍增。”

## 对三个孩子的期许

高丰认为脱离了感知的说教是无用的。世间万物是一个闭环，我们生活在一个大的共同体当中，任何人做的事都会作用到自身。

引申到对于孩子们的培养方向，他一直强调有两点非常重要，一是接纳自己（self-acceptance），另外就是感知外部世界、感知环境的能力（environment awareness）。

高丰认为，现在一些公认的、被强调的优秀品格的根基都是接纳自己，比如坦诚、直言、逆商、自信——我就是这样一个人，有些方面具有优势，有些方面有所不足；“我”既可以充分发挥优势做开拓性、引领性、帮助别人的事情，也不必拿劣势与同学相比感到自卑。高丰认为这种心态是能够平和面对各项事务的基础。

如果单纯从抽象的角度去约束或训导孩子，他们很难理解，更难以践行。高丰认为解决问题的办法是去感知（be aware），了解个人对周边环境、周围的人造成了什么样的影响。感知能力的欠缺体现在生活中的小细节中，可能是城市里乱停乱放的车辆、损毁景观，又或是插队、随地吐痰等现象，究其根本就是对外界环境缺乏感知，个体对自己的一举一动会对别人造成什么影响，这些影响又会怎样反作用到自己身上，或者影响到自己所处的生存生态上完全没有概念。

一个接纳自己、有感知力的人的人生观和世界观都是非常健康的，他可以察觉到“我”对外界造成的影响。高丰希望孩子成为这样的人。

ARC'TERYX

## 帮助孩子做好应对未来的准备

今天的世界越来越平、信息距离越来越短，人们变得更加独立、自我。这种变化源于生产力的大幅提升。一个有意思的观点是：未来的世界人工智能会非常强大，很可能 95% 的人不需要工作，而只有 5% 的人可以工作。写代码也好，创造科技也好，工作或劳动创造反而变成了一项特权，人们要去争取工作的权利，思考如何更有意义地生存。

所以，在未来如何更好地运用和管理个人能力，将会是一个巨大的挑战。天平将会被打破，领导者和跟随者的比例会不停被调整，直至到达新的平衡。在新的生产关系下，群体内部架构怎样整合？面对新的供求关系如何选择？是去主动地劳动创造，还是被动地像植物或者动物一样被供养？

正是基于这种对未来的判断和设想，高丰才希望孩子拥有接纳自我、感知环境的能力。希望孩子们在未来世界能清晰地认知自己的能力、兴趣，接纳它们，同时又能感知外部的环境，从而选择对自己最适合、最无悔的一条路径，这也终将成为孩子们核心的生存本能。否则，难免会陷入愤怒、嫉妒、悔恨交织成的恶性循环。

## 对于教育的期望

在高丰投身的公益项目中，教育公益占有非常大的比例，他本人也是 Pay it Forward 基金会创始成员，该基金会是中国牛津奖学金的赞助者。

对于未来教育，高丰谈到了一个机构——美国 21 世纪技能合作组织，简称“美国 P21”。20 世纪 90 年代，美国教育界、商业界、社区以及政府领导联合起来，研究和讨论 21 世纪所必需的技能。他们曾采访世界 500 强公司的董事长、CEO，询问这个群体在招聘时对人才的需求是什么，最希望教育可以提供什么。他们发现，这些人建议的责任感、沟通能力、领导力等，实际上是跟美国的教育体系脱节的，学校并不能提供这些。所以他们发起了一项倡议，制定“21 世纪学习框架”和“21 世纪技能”，以此推动这方面的发展。

谈论教改的声音持续不断，但高丰觉得教育体系的变革成功与否，最终取决于社会对教育的需求和期望值的演进。谈教改不能脱离社会的实际需求，需要以满足行业对人才的需求来培养人才，比如我们有没有满足培养城市管理者的教育，我们有没有满足培养基础物理或者数学研究的人才的教育。以终为始，而不是为了满足考试的需求。

高丰非常认同美国 P21 的做法，但中美两国毕竟文化、语境和国情都不一样，不能照搬。但是他非常支持国内进行类似的讨论和评估，从而得出社会究竟需要什么样的人才，由此倒推学校需要做出何种变革来满足社会的需求。

（本文来源于对高丰采访的整理）

# 我希望的未来教育就是营地的样子

文/陈馨田

我今年 13 岁。5 岁时在美国圣地亚哥海洋世界的日间夏令营，是我第一次参加营地；之后从 7 岁开始，每年参加启行国内的住宿营，也去过瑞士、芬兰、希腊的营地，妈妈总说，我是一个“年轻的老营员”。我喜欢营地，春假、暑假、寒假，每次放假都迫不及待地想去营地。如果让我畅想未来教育，那应该就是营地的样子，因为它有趣，也因为，它让我成长。

DEAS

## 营地经历，是更“真实”的学习

四年级时，我跟着老师精读了《希腊神话》，学校里也有学古希腊文明；五年级的暑假，我来到希腊营地，之前学的东西，立马就“活起来”了！去神庙参观就不用说了，书本上的名词都成了多维的。最好玩儿的是书里对希腊的描述，也都鲜活起来。比如，书里讲“希腊人都喜欢唱歌跳舞”，去了希腊，才能感受到希腊人有多么爱唱歌跳舞——希腊舞蹈分好多种，动作都相对比较简单，欢迎宾客、结婚、吃饭前后……反正没事儿就要跳一跳，而且是所有人一起跳，不限年龄性别，每个人都是舞蹈明星。再比如“希腊生活很慢”，这感受就很难忘了：营地里活动安排很散，节奏很慢，甚至可以说很随性，给我们很大的自由度，连日子都出奇地慢下来……10岁的寒假，我去了芬兰营地。芬兰的冬天，印象特别深的是一个“暗”字。早上接近中午的时候天会亮那么一下下，一天大部分时间是黄昏，感觉像晚上九点、十点了，一看表，才下午四点多。在芬兰我们每天都贪恋床铺，在外出的大巴车上，全车打盹睡觉，鸦雀无声，总之随时随地都可以睡着。不过芬兰营地的活动还是很好玩的，因为雪太美，还有冰壶、冰钓，体验过之后，这些名词才有了真实的内容。课堂上讲的、书本上学的，当我经历过，有了亲身的感受，才能真正地体会、理解其中的含义。我希望，未来我们可以离开小小的课堂，走到无限大的世界里。

## 在营地，我们会从其他人身上学到东西

营地里很多“高人”，转个身就能遇到。

比如瑞士导师，他们经历超丰富：跳伞、蹦极、山地越野、潜水，都做得很好，很全才。我们总爱围着他们，听他们讲刺激的经历。这种有故事的导师，特别让我羡慕、崇拜。很神奇，这样的导师往往特别有办法。我当时上攀岩课，一直只敢在最简单的一边爬，“明星导师”路易斯（Louis）就不是干巴巴地“鼓励”，而是给我讲了一个她自己的故事，还陪着我游戏放松，我最终挑战了难度排第二的红色等级（自豪脸）。

12 岁那年参加启行 Pre-Umotion 时，在真人图书馆活动中我听到了两个导师的故事。一个是戏剧导师，她讲到自己以前有学习障碍，拼写、阅读的时候字母会在眼前跳来跳去；好在母亲是英文教师，每天都会抽时间陪她做练习。后来，中文“拯救”了她，因为大脑会把汉字理解成一幅幅的小图画，而不再是一个个的字母。从此，她开始学习中文，也坚持英文训练，现在已经基本克服了学习障碍。另一个是设计思维老师，她讲了一次旅行“意外”：本来要去亚洲某地，但飞机却因为突发问题停在了中国上海。可这次毫无准备，甚至心里还有抵触的旅行，效果却出奇的好，乃至于后来她选择在中国和朋友们创业，一待就是很多年。她说，这个乌龙旅行经历和神奇创业，让她学会了在生活中不能，也不需要把所有的东西计划完美；有时候，我们需要的就是一场“说走就走的旅行”，也许会有惊喜。

不仅仅是导师，我从同龄甚至比我小的营员的身上也能学到许多东西。在 IDEAS，有时会有小辩论，不需要资料，也不会给多少准备时间。这个时候，会有那种不慌不乱、稳稳迎战的营员，他们的沉着冷静、大方得体，给我留下了特别深刻的印象。

遇见“有趣又很棒的人”，是我们成长过程中特别有帮助的“教育”。

## 营地里有多样的“评价标准”

我不希望爸爸妈妈还有老师们，只用“成绩好不好”作为是不是好孩子的唯一标准，给我们贴标签。

第一次参加启行营地，我特别大的感受，

就是一个人有趣无趣、性格好不好、是不是受欢迎、是不是一个好的领导者，原来和“成绩”没有必然联系。有的营员还真的不能理解这种“翻转”，当被人怼的时候，他会说：“我在学校是第几名第几名，你们能考多少分？！”当然不会有人买这个账，他意识不到在营地这个更像社会的地方，成绩根本说明不了什么问题。对于导师也是一样，营员们完全不在意导师上学的时候成绩好不好、分数高不高。我们只会用能不能理解我们、陪伴我们、有没有耐心、有没有趣，来评价他是不是个“好”导师。我喜欢这样评价标准不全是分数的教育环境。未来，当我们离开学校、走向社会的时候，性格、价值观，甚至情商和为人处世的方式都会比成绩有高得多的说服力。

## 营地让我成为更好的自己

从小参加营地，我，从刚离开妈妈就想哭，到三个礼拜都精力充沛、心态良好；从出门五分钟就感觉过了一个小时的“宅女”变成去哪儿都能迅速融入的准“土著”；从挑食大王到捧着瑞士“臭臭”的烤奶酪满食堂推销；从雪板前后都分不清的滑雪“小白”到稳稳当当滑下阿尔卑斯山的黑道；从站五楼阳台就大喊“恐高”到驾着滑翔伞飞下高山……好多好多、一点一滴的经历和蜕变，都让我成长为了更好、更优秀的自己。

我相信，好的教育就是让我们有力量，在未来遇到难题和挑战的时候，不会说“我害怕”“我不敢”，而是说，“我可以试一试”。

这，就是我向往的教育。

who are deeply perceptive and determined to make thing
cope with the unknown future.
This exhibition is an "interaction and innovation worksho
tices that transcend the skills, disciplines and perceptions
bition represents a place that gathers wisdom and recons
huangdao.
The future is not only a place we are approaching, but also
As a visitor and participant, each of us is a seed. By inspirin
own path to the "future of education". Teach for the future
ration begin with West Port...
E X H I B I T I O N

# 遇见·未来教育

FUTURE EDUCATION

对“未来教育”的思考，层出不穷，方兴未艾。

以人为本，万物互联，借助信息技术而引领教育公平、自主、共享与创新……这所有的畅想，都承载了我们对未来教育最美好的期待。

思考不易，实践更难。

启行西港营地“遇见·未来教育”主题体验月，正是对多角度、多感官地实践未来教育的全方位探索。“交互与创新课堂”展示超越技能、跨越学科、多元体验的创新教育实践；“自然与人文交汇”展示从社区到城市，聚群智而重构教育场景的秦皇岛·西港。每一位参与者，都是一颗行动的种子，在这里找到属于自己的、通向未来教育的路径。

# 西港——遇见未来教育

WEST PORT
IDEAS SHAPING THE FUTURE OF
EDUCATION

未来，不仅是我们要去的地方，
更是我们“正在创造”的地方。
启发思考，做出改变，我们，都将是一颗行动的种子，
终将找到属于自己的、通向“未来教育”的路径。
为未知而教，为未来而学，探索之路，从西港启行……

WORLD
遇见·未来教育
IDEAS SHAPING THE FUTURE OF EDUCATION
建立「你」与世界的联结
未来教育
让孩子仰望星空
带孩子脚踏实地

2019 年 8 月，“遇见 · 未来教育”体验月活动在秦皇岛启行 · 西港营地圆满举办。

启行 · 西港营地是秦皇岛试水未来教育的重要载体，肩负着探索未来教育发展的重要责任；启行利用城市优质的自然与人文资源，通过营地教育与西港产业进行融合，期望打造未来教育生活的创新教育载体。

IDEAS SHAPING
THE FUTURE
OF EDUCATION
遇见·未来教育
办方: 河北港口
办方: SMART 文

美国未来学校大会创始人、著名美国福布莱特奖学金学者菲利普·博塞特（Philip Bossert）认为："考试、传统的教师都会在未来的课堂里消失，取而代之的是体验式学习、项目式学习、服务式学习；未来的学校会超越我们现在的理解，以家庭学校、线上虚拟学校、特许学校和教学服务公司等更多形态的方式存在。"

"为青少年创造适合未来成长所需的教育新场所、新课程、新体验，助力青少年获得 21 世纪所需的核心能力是我们一直以来不断摸索的方向。"启行教育集团创始人赵蓢如是说。

在为期一个月的“遇见·未来教育”体验月活动中，启行围绕自然博物、人文艺术、科学技术、身心健康、社区参与、世界公民六大学习领域，与来自全国各地的孩子们探索“海洋与我”的多重关系，理解海洋与人类的相互影响；包含海洋、自然、太空、文化、木工、魔术科学、运动及正念等主题的青少年工作坊，从静到动、由内而外激发青少年的好奇心和求知欲；通过文化雅集、室内音乐会、中国文化沙龙、听茶等精彩纷呈的沙龙及演出，让大家从思想、视觉、听觉、嗅觉、味觉得到全方位的文化洗礼和熏陶，感受中国传统文化之美。

VIVE

斯 宾 塞 ： “ 教 育 ;

来生活之准备。”

# 建立「你」与世界的联结

**走到户外，修复“人与自然”的关系；**
**走入生活，找到知识与我们周围世界的关系；**
**开启情感学习、沟通与合作，未来教育将提供这样的场景，**
**让人与人、人与世界建立联结。**

# 关系

大多数孩子都有一个爱玩虫子的阶段，而我从未告别这个阶段。在培养一名自然主义者的过程中，关键是亲身经历，而不是系统的知识。最好去做一段时间未开化的原始人，不知道那些名称和解剖细节。最好只是用很多的时间去探索和梦想。

—— 社会生物学之父爱德华 · 威尔逊

# 未来教育
# 让孩子仰望星空
# 带孩子脚踏实地

**关乎责任，有所担当。**
**从独善其身到兼济天下，从发现问题到找到解决方案。**
**教育，要唤醒今天的孩子——未来的公民，**
**对社会的责任感，以及应对问题的能力。**

# 公民

关注有障人士出行、关爱空巢老人、清除疾病歧视、倡议可持续生活……
都是未来小公民们带来的“发生在身边的美好”。

# 有质量的陪伴 有温度的教育

在“生命合伙人”的路上，
艺术、游戏、阅读都可以是家庭中最有效的联结方式。
亲子陪伴，让我们更懂彼此，更爱对方。
艺术，可以成为父母和孩子交流“秘密话题”的一个安全通道。
所有爱、关系、好奇的故事在艺术里都可以表现。

游戏，是孩子的第一语言。
如果我们想告诉孩子什么，那么最好的方式是“玩给他看”，而不是“说给他听”。

# 家庭

# 好的教育
# 不是跟着潮流走
# 而是跟着孩子走

**当我们拥有“教育自由选择权”，**
**甚至，**
**我们有能力可以为孩子**
**在全球范围配置教育资源，**
**如何才能不被焦虑裹挟，**
**不被潮流教育左右，**
**不被大众选择捆绑？**

**请俯下身，**
**听听孩子的想法；**
**请把目光，**
**聚焦在孩子身上。**

# 选择

# 培养
# 一个孩子
# 需要
# 一个社区
# 的努力

社区是学校的拓展，

是“知行合一”的场域，

是未来学习得以发生的广义的环境。

因此，更需要成人提供关注、鼓励、自持，

并为之奉献时间、智慧与耐心，

建立社区场景与配套，

提供“参与、发声”的机会与平台，

为孩子们提供学习、实践、成长的场域。

# 社区

# 先立足脚下
# 再联结世界

营地教育、青少年公益实践孵化平台、
创新教育学校、PBL 项目制教育模式实践、
农村数字与多媒体远程教学支持、
高校创新创业教育改革……
有情怀的教育者们，
用行动，探索适合中国的未来教育之路。

中国

# 是什么塑造了未来教育

文/菲利普·博塞特

正规教育的改变总是很缓慢。即便如今，2019 年世界上大部分的学校仍在延续 1819 年的教学方式。虽然许多学校的建筑看上去更现代化，电子科技代替了纸笔和课本，但是，我们发现绝大多数学校仍停留在老师台上讲、学生下面排排坐的模式，这种教育模式仍停留在工业时代。

我对未来教育环境抱有乐观心态，同时我对什么样的未来教育才能适合大多数的孩子有更现实的认识。我相信大多数国家将继续支持一种庞大但资金不足的公立学校体系，每个班容纳 30~50 个学生，由一名尽心尽责但明显超负荷的老师来完成政府制定的标准化课程，由此满足大多数学生语言、数学等基础课程的学习，而这样的课程能让学生成为支撑整个社会经济和组织运转的工作者。而私立学校和国际学校仍会作为庞大公立学校系统的补充继续存在，通常这样的学校会有更好的设施和技术，班级规模更小，老师们也会教授旧式大学预科课程和少量未来创新课程。最终，只有很少一部分学校能够尝试试验性的教育环境和方法，尝试着突破教育和学校的极限。

尽管对于未来教育我有一些消极的观点，但请允许我讨论一些外在因素和创新观点，这些想法也许能够推动教育朝向新的方向发展。

## 影响未来教育的外在因素和事件

影响未来教育的一个重要因素是世界人口统计预计趋势的变化。几乎所有国家的人口结构都在改变，某些国家人口出生率在降低，例如美国、中国和日本；某些国家人口出生率仍在上升，如印度、非洲和南美洲的很多国家。

如果我们观察下方三张 1960 年、2015 年和 2050 年（预计）的中国“人口金字塔”的结构图，可以发现巨大的变化将促使教育从各个层面发生改变。例如，在 1960 年的人口金字塔中，底部显示 0~4 岁人口占总人口的百分比比例约为 16%，而 5~19 岁的学龄儿童竟然占到中国总人口的 35%；而预计到 2050 年，上面两组数据分别降至 4% 和 13%。这表明学龄儿童（5~19 岁）和大学生的数量将在未来 30 年急剧下降。一个坏消息是许多中国的学校和大学很可能会关闭，但对老师和学生却是一个好消息，学校和大学在未来就不会人满为患了。对于美国而言，2000 年和 2050 年的人口金字塔看上去仍旧不乐观。许多学校面临着关闭的可能，除非教育模式发生改变。

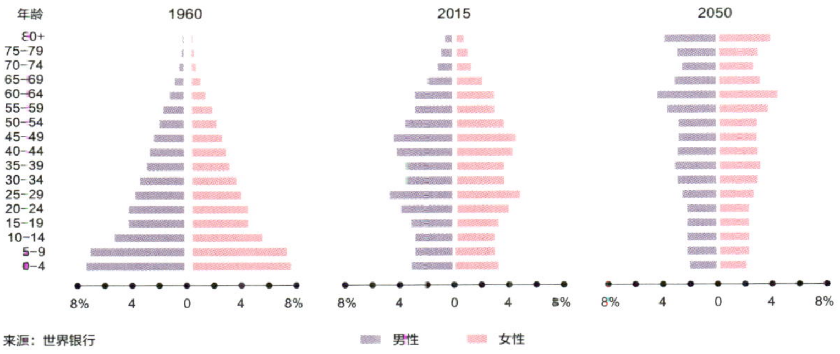


来源：世界银行

第二个世界范围的影响因素是未来对教育施加更大的压力，并迫使人们重新构建或思考教育环境。联合国教科文组织指出，在未来 30 年世界将会缺少 700 万名教师。一些美国学区已经开始招聘其他英语国家的老师，例如雇用菲律宾老师来填补教师空缺。

大多数国家的小学和初中教师的薪资水平与工程师、建筑师和计算机程序员等职业相差甚远。其结果是，一个擅长数学或科学的年轻大学生很有可能选择商务或科技领域的工作，这些职位的起薪比老师要高出两到三倍。

教师的严重短缺意味着未来更多的学生也许需要“虚拟指导员”。也许线上教育环境能够很好地教授知识的内容，但却不能教授“软技能”，如社会情感学习和个性成长等，这些技能只有真人教师才能教授。

另外也有一些美国的实验性公立学校，被称为“特许学校”，在那里老师不在

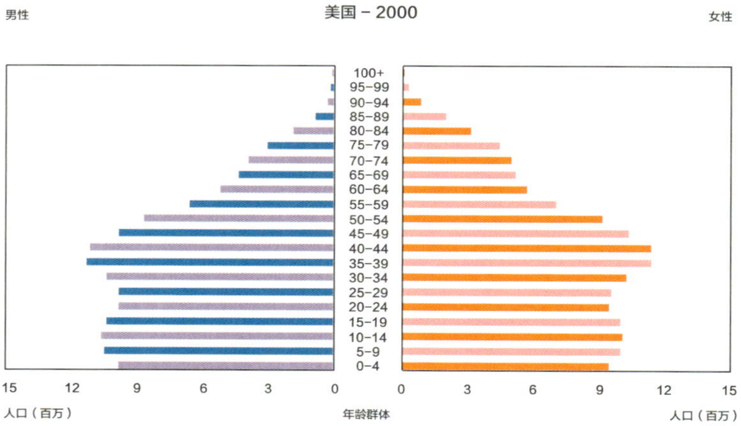


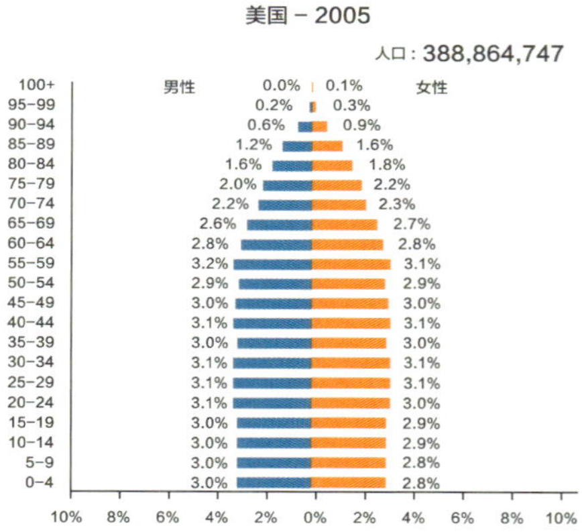

教室中授课，而是在艺术博物馆和科学中心开展教学。这些公共空间一般在周末会很繁忙，因为人们通常只有周末才有闲暇时间来参观，但在工作日这些地方几乎没有人。这些设施不仅有很大的空间能允许老师展开教学，而且也能让学生很好地锻炼他们的鉴赏艺术能力，了解历史知识和科技工艺品的背后故事。许多具备专业能力的工作人员可以成为兼职老师，博物馆和艺术画廊的咖啡店也能为学生提供食物。无论对学校还是公共空间，这都有益处。

以上列举了三个外部因素和事件，它们或许将要或是已经影响了未来的教育。

## 教育环境的新模型

纵观世界，幼儿园、小学、初中、高中以及大学需要采取一种不同的未来教育，不仅要去试验新的教学和学习模式，也要尝试新的学校管理模型。标准化考试饱受批评，很多学校决定将此废除。教师或教授讲台授课模式也被“项目导向”和“产品导向”的课程所取代，这些课程教授学生解决现实层面的问题，或引导学生去设计并打造些什么，展示新的教学模式和教学方法。如果通过了，那么特许学校能够像私立学校一样成立指导和顾问委员会，制定他们自己的课程，聘请老师并寻找相关设施。唯一的要求

就是这些特许学校的学生仍然需要达到正规公立学校的教育和测试要求。

一些特许学校与正规公立学校共同使用设施，有点像“学校里的学校”。其他则是与当地的博物馆、画廊、工厂等协商，像之前描述的那样联合教学。还有一些“虚拟学校”则没有实体设施，完全在线上教学。

特许学校形成的背后的理念是允许教育者尝试新的教学模型和教学方法，如果尝试成功了，就在正规公立学校施行推广。特许学校的概念在美国大概已经形成了 30 余年，现在仍被教育者视为“实验性”的学校。

美国“家庭学校”的增多成为另外一种趋势。家庭学校同样已经存在了很多年，但是在过去几乎只是给一些无法去上公立学校的孩子提供的教育服务，这些孩子也许是因为身体状况或残疾不便，也许是因为孩子是童星，或者是需要频繁出行的运动员。近年来，更多家长对公立学校体系有意见，但没有充足的费用供孩子去上私立学校，于是一些家长联系别的类似情况的家庭，将孩子聚集到一个地方，并聘请一名专业的老师监督学生们的学习。

家庭教育式的家长必须让当地的公立学校知道孩子的教育状况，通常需要描述课程的类型，并告知谁会负责监督这些学生。这种个人化教学环境也许能够使许多孩子获得学术上的成功，但也可能会让他们因此丧失社交技能，而这往往是在共处分享的学习环境下才能掌握的技能。

在美国另一个重要的趋势是，比起教授历史事实、科学概念、数学公式，更注重教授如交流、合作、批判性思维等解决问题能力的“技能”。因为在今天这个时代，我们能够通过智能手机查询到世界上各种信息，因此没有必要浪费时间去记忆一门学科的大量知识。“你知道什么”已经不如“你能做什么”来得重要。当然，我们还是需要学习或“使用”一些内容去加强这些技能，但关键在于如何“展示你的技能”，而不是背诵知识内容。

PBL(Project-Based Learning)，即项目导向学习、产品导向学习或问题学习，是教育变化趋势的一部分，它在美国、澳大利亚和英国发展迅速。学生学习不再是听老师授课、读书考试这类形式，而是在 PBL 课程中参加项目或解决现实问题，或者是制造一些实际有用的产品。这个项目可以是制作一部电影，或将社会问题改编成演出，或是制造一些社区组织能够使用的设备，又或是解决诸如环境变化这类的真实问题。学生将在参与项目或制作产品的过程中学习数学、历史、科学、艺术、外语等。

大多数情况下，PBL 的学生不必用“参加考试”来证明他们学到了些什么，而是通过“表现评估”替代。他们可能会做一场发布会、表演秀，或是制作一件

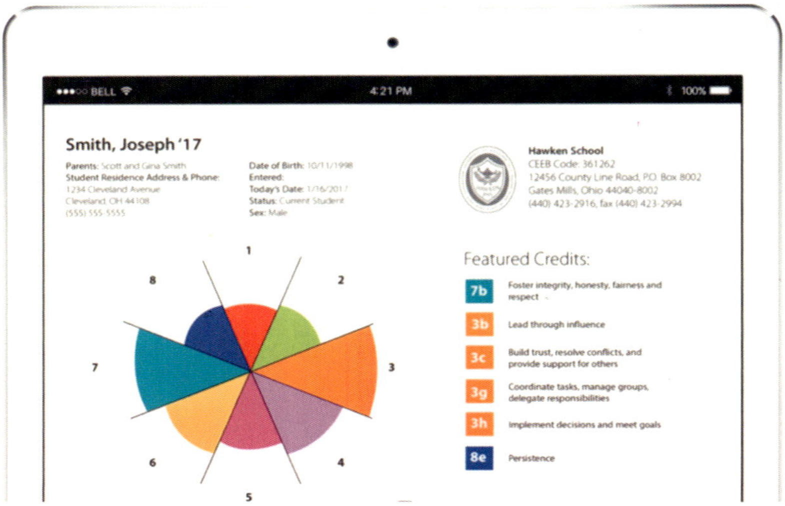


产品，再或仅是提出解决问题的方法。他们需要通过他们的表现和介绍来说明他们不仅获得了达成目标的必要知识，还掌握了必要的技能。大多数 PBL 项目相比于知识的获取，更多关注技能的习得。

因为很多 PBL 型的学习最终不是由课上的学分和学时决定，而是对学生生产的产品或表现打分，因此也需要研发一种新的方法追踪和记录学生的成果。

上方的图片是一种“掌握程度报告单”的例子。在图中不会显示一个学生上了多少课或考试得多少分，它展示的是一个学生需要学习技能的专业程度，每种颜色表示某一特定技能的掌握情况，老师能够通过点击“饼图”上的任何一个颜色片，了解学生在不同技能或课题的表现情况，老师可以看到很多文件、影片、音轨或照片，展现相关项目和学生的表现。

这种掌握程度报告单既是学生成果的记录，也是他们的作品集，随着他们的成长不断叠加。在初级阶段的学习完成后，学生们可以将这些掌握程度报告单作为一种数字化简历来找工作或深造学习。

至此，本文已经讨论了许多义务教育阶段所面临的挑战和机遇，而高等教育在未来需要面对更多的改变和创新。比起

小学和初中，2019 年的大学跟 17、18 世纪的大学更加相似！当然也有一些大学在思考未来教育，并提出了一些有趣的想法。如 MIT“分离”整个学习项目和个人课程，整合为小的团体，内部由有相同兴趣的学生重组为一个独立的项目组。这样一来，MIT 机械设计本科毕业的学生不会学习同样的课程或内容。教授会教相同的科目，但不会用整个学年或学期来教这些课的内容，而是改为更短的单一概念或单一单元的模块，时长往往为一周或一个月。在不同顾问的帮助下，学生能设计自己的课程来满足大学毕业的要求，并且与自己的兴趣和热情充分吻合。

其他大学也许会废除“毕业”的概念。斯坦福大学最近开展了一年的“战略构想”，来想象未来斯坦福大学的教育会变成什么样子。他们调查了每一个参与人员，让他们想象如果他们身在2100年，回首 2025 年的斯坦福大学：什么样的变革会让斯坦福 2025 年的教育发生巨大的改变？这个“构想”的结果非常有趣（www.stanford2025.com 网站上可以查看详细内容）：①学生们不会再用“主修”来描述他们正在钻研的学科，而是用“生活的使命与目标”来描述并通过学习来实现；②技能将比知识更重要；③学生要自己负责设计课程，不再有“标准”课程；④如果你同意加入斯

坦福大学成为一名本科生，那么你将“终生学习”。你能随意来随意走，学一年，旅行一年，再学一年，去创业几年，再回来继续学习，等等。不会再有斯坦福校友，因为你终身不会真正从斯坦福大学毕业。

另外，许多公司开始怀疑本科教育的价值，它们通过使用一种发展型评估系统来寻找合适的员工，而不仅仅考察面试者的知识和技能。一个人也许因为大学的教育而获得才能，而另一个人也许通过自学或是工作经验来获取才能。只要你拥有才能，公司不会在意你是怎样获得的。以下是两个有关这一趋势的例子。

· 英国安永会计事务所表示他们将不再需要大学学历，而是通过提供线上测试来寻找到有才能的人，不论其学术背景，因为他们认为从好的大学毕业与在事业上成功没有相关性。

· 美国国防部官员称，美国在第二次世界大战中需要迅速训练一万名战斗机驾驶员。你认为他们考虑过这些未来的驾驶员是否拥有大学文凭吗？不，他们只用那些能够快速掌握飞行技能的人。今天，我们需要训练一万名网络战士。我们关心这些网络战士有没有大学文凭吗？不，只要他们能够高效编程。

## 未来学习 vs 未来学校

事实上大部分学校和大学很有可能继续排斥教育环境的改变。如果果真如此，那么对学校和学生而言着实可悲。苹果公司创始人史蒂芬·乔布斯去世前不久曾说："教育将是被科技摧毁的最后的大型行业。"今天，在 iTunes 大学上有成千上万的课程，小学、中学、大学课程以及各种职业课程，所有你能想到的话题应有尽有，而且大部分都是免费的。可汗学院也持续了数年，为学龄前到高中的学生提供小单元模块的学习，并且完全免费。这种学习以多种语言、飞快的速度在全世界范围扩张。

当社会终将不再向你索要那些证书或是文凭的纸头来证明你的教育程度，而是问你"你能为我做些什么"时，学校教育将被终结，未来教育将会来临。

“未来教育”是近来十分火热的一个话题。究其原因，一方面在于，一个国家要想实现长期健康的发展，就必须能培养出大量符合时代需求的人才，而这只能通过教育来实现；另一方面，这也是一个能和几乎所有人都产生联系的话题——孩子会关心自己的未来，家长会关怀自己的孩子，一个行业的从业者也会关注未来将加入这个行业的人才来自何处。尽管这一话题兼具紧迫性、前瞻性和普遍性，但“未来教育”作为一个具体的概念，它的外延显得过于宽泛，因而需要进一步的探索和厘清。

这正是赵蔚一直在做的事情，从最初的基金会，到后来的研究机构，再到商业化营地，她一手创立的启行营地教育一直在努力推动着中国教育走向未来。在她看来，从事教育的出发点必须是对孩子的爱与责任感，因为“未来十年、二十年，这个社会变成什么样，真的是取决于我们现在的孩子是什么样”，但做教育又不能局限于此，而应该面向教育在未来的诸多可能性。

正是这两点“初心”令赵蔚（值得一提的是，她喜欢别人叫她“赵老师”）接触到营地教育，并在过去的十余年里全身心地投入其中。如果我们看看启行发展的历史，会发现这样的理念贯穿始终。启行起源于赵蔚在 2008 年汶川大地震后创立的基金会，在探索教育、关爱及赋能孩子的过程中，她发现他们只会学习课本上的知识和应对考试，别的几乎一窍不通。尽管她对中国教育的未来满怀希望，但也不免对此有一些担忧。

# 从营地教育
# 探索教育的未来

EXPLORING THE FUTURE OF EDUCATION
FROM CAMP EDUCATION

GO
IDEAS
IDEAS

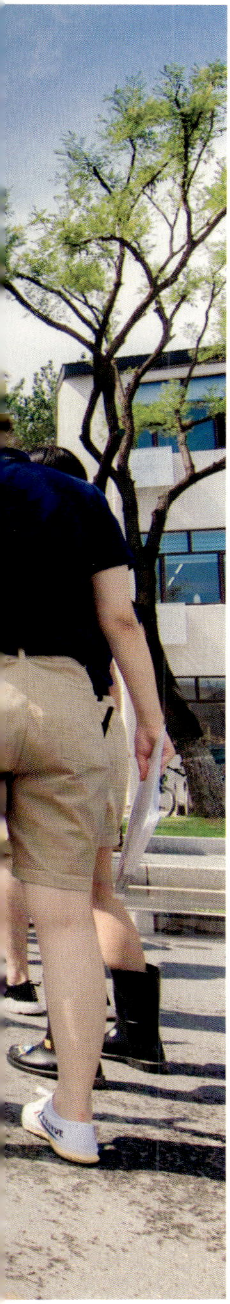

于是，她开始尝试通过营地教育，帮助孩子培养越来越重要的非认知能力，如沟通能力、团队精神、自信心等。

正如2000年诺贝尔经济学奖得主詹姆斯·赫克曼（James J. Heckman）的研究指出的，孩童在发育初期，非认知能力的提升对其长期发展的促进作用极为显著，而营地教育，作为系统化的体验式教育，恰恰能针对性地提升孩子的这些能力。

事实上，从教育部2016年年底发布《教育部等11部门关于推进中小学研学旅行的意见》以来，研学旅行和相似的游学、营地教育等产业已经有了飞跃式的发展。在市场火热的同时，也有大量的从业者以功利之心对待教育，将教育当作牟利的工具，或是把项目做成“以玩为主”“只游不学”。在这种火热又稍显浮躁的大环境下，赵蔚和启行的沉着和坚持确实显得尤为可贵。正如赵蔚所说，“始于营地，不止于营地”，她要通过营地教育，进一步探索未来教育的可能性。

上面说到，“未来教育”是一个宽泛而模糊的概念，但有两个问题我们在讨论时必须要回答：第一，未来的教育有着怎样的培养目标；第二，未来的教育以何种新方式进行。

为了应对考试，传统的教学模式极为侧重知识的传授和做题，这显然不能满足21世纪“能力为本”的需要。启行将21世纪孩子们所需要的关键能力总结为“4C能力”，即合作（cooperation）能力、沟通（communication）能力、批判性思维（critical thinking）能力和创造（creativeness）能力。

赵蔚称，这是启行培养计划的核心。她还认为，培养孩子未来胜任力的另外一个重点是适应能力和解决问题的能力，“在不同的环境里面，要面对不同的挑战，要换一个学习环境，适应性、领导力、全球的视野……这些都是我们要培养孩子的，根据年龄的不同，而赋能给他一些核心的能力，这样他才能胜任自己的未来”。此外，孩子们也要学会适应这个科学技术日新月异的年代，能应用新的技术，了解技术背后的东西，并尝试用新技术解决自己感兴趣的问题。

尽管教育改革正在不断走向深化，但在现有大环境下，应试压力注定长期存在，因而，学校教育和家庭教育难以着重培养孩子的这些能力。赵蔚相信，在学校教育和家庭教育所不能及之处，作为社会教育和校外教育的营地教育能做到很多事情。校外教育，是时候告别补习班和只是学校教育模式复刻的所谓“兴趣班”了，它可以成为未来教育的试验场，可以帮助孩子们建立自己的价值观。关于未来教育的模式，赵蔚提出了一个“儿童友好型”的概念，要建设儿童友好型的项目、儿童友好型的社区，甚至是儿童友好型的城市。营地的区域当然不可能是无限的，但也不能说只是用营地的大围墙替代教室的小围墙。营地，作为属于未来的教育场所，应该保持开放性，让孩子们不断与环境、与其他人产生良性的互动。最终不仅是在营地里面，也在营地周围的社区，甚至在离开营地后的学校和家庭，都形成对孩子友好的教育氛围。这种和谐的氛围也印证了赵蔚自己著名的“没有围墙的学校，没有边界的教育”这一理念。未来的教育注定不会再把孩子限制在“墙壁之间”，而是可以在任何时候，通过任何方式和途径，甚至是潜移默化地来进行。

但这并不意味着未来的教育模式是随意的、不科学的。事实上，教育越发展，就越受惠于专业的教育学研究。赵蔚非常重视教育从业者的专业性，启行的课程和教学项目设计，均基于 21 世纪学习框架和中国学生发展核心素养总体框架构建的学习模型，由自然博物、人文艺术、科学技术、身心健康、社区参与和世界公民六大领域组成。

在此基础上，经过精心的设计和严格的评估，通过体验式学习、项目式学习、服务式学习等方式培养上述的核心 4C 能力。例如，即使是攀岩和木工，也不能仅仅是做攀岩和木工这两项活动，而是要通过设计让孩子的沟通能力和合作能力得到锻炼。

深耕营地教育十余年，赵蔚一直坚持追求着她的教育理想，即“我们不能用 19 世纪的制度、20 世纪的方法教 21 世纪的孩子”，对启行“培养孩子的能力，建设教育体系”的定位也从来没有变过。我们可以说，启行营地教育，承载着一位满怀爱心的教育人的信念和价值观，无疑将在中国教育人探索教育未来的历程上写下浓墨重彩的一笔。

# 致终将消逝的教育边界意识

EDUCATIONAL BOUNDARY CONSCIOUSNESS WILL DIE EVENTUALLY

“教育与自然”这一话题在教育学史上曾被广泛讨论，但随着今天的教育制度在 19 世纪得到确立，又逐渐被人们所忽视。近年来，随着生态环境的恶化，人类开始重新思考人与自然的关系。我们会惊讶地发现，卢梭在《爱弥儿》中写下的一段话仍然能引起强烈的共鸣：“大自然希望儿童在成人以前就要像儿童的样子，如果我们打乱了这个次序，他们就成了一些早熟的果实，既长不丰满也不甜美，而且很快就会腐烂，我们就会造成一些年轻的博士和老态龙钟的儿童。”

在启行营地教育的创始人赵蔚看来，这也正是今天教育的最大局限：脱离真实世界。在教室内坐着听课的孩子们（甚至有些老师要求他们必须“正襟危坐”），无法把所学与现实世界联系起来，也就不能具备解决现实问题的能力。

作为中国从事营地教育行业的先行者之一，赵蔚一直身体力行地践行“没有围墙的学校，没有边界的教育”的理念。在这一过程中，她意识到，现在的孩子和年轻人非常愿意回到大自然，也能从自然里面得到深刻的反馈和启迪。启行曾做过一个北极的项目，孩子们在家长陪同下和海洋学者、野生动物摄影师一起，乘船游览并登陆探险。在北极特殊的环境下，孩子们看到了世界匮乏的一面，也看到了这种环境下顽强的生命，在受到震撼的同时，他们也会开始对这个世界、对其他物种、对生命产生真正的尊重，开始建立起同理心和责任感。这是孩子们坐在教室里念一篇课文或者看一段视频做不到的，这些直观的思考也将会对孩子们未来的学习、生活和工作产生深远的影响。除了这样的大型项目，启行也在致力于消解营地与周围社区的区隔，把自然博物主题的教育项目带到城市周边。赵蔚认为，博物学可以进入郊野、公园，甚至菜市场，让所有孩子都能受到启发。

赵蔚相信，让孩子感知到爱，最好的方式就是带他进入大自然，带他去涉猎文化、艺术和体育等多领域，鼓励他去尝试自己感兴趣的事情。在这个过程中，好奇心、认知力，甚至理解力和坚韧的品质都会得到培养。21 世纪的教育绝不应该局限在书本和课堂，而是可以通过各种方式，在任何时间与任何地方进行。教育边界的意识应当被抛弃，也注定被抛弃。不给孩子设限，不把他们困在四堵墙的房间里面，我们会惊讶地发现，孩子的潜能远远超乎我们的想象。

文章来源及版权归属：《华夏地理》总第 207 期 2019 年 9 月刊

启行西港营地建筑外观

# 有态度的建筑

CRITICAL ARCHITECTURE

## 连接

启行西港营地共有 8 栋建筑，其中 AGF、BC 和 DEH 分别构成 3 个建筑组团。通过两三栋单体建筑，先是构成了小的建筑群体，再构成营地的整个建筑组团，整个建设突出体量感。虽然三组小的建筑组团看似支离，但因为有了人流的动线形成连接，每栋独立建筑与其他建筑的联系，就能够如草书一般，在气韵上连续不断。连接、融合、包容相生。

## 光影

光是非常重要的建筑语言。建筑在形体外观上利用光影，有意增加了阴影面积，用暗突出明，用阴影塑造形体，力求突出建筑的体块感、立体感，跟现代主义绘画的表现手段出自同源。B 区建筑是一个艺术空间，所以在设计构思的过程中刻意减少了主展厅的开窗系数，削弱自然光源，从而让展厅内的展陈光源和多媒体屏幕等最大限度达到想要的效果。H 栋公寓有四间客房，它们的窗户对着美术馆内部，这是因为设计师希望客人打开帘幕就能看到美术馆的内部，内向观景，从而感到自己融入了艺术里。因此客房不再仅仅是客房，而变成了一个感知艺术的空间。另外，在屋顶的两间客房设有天窗，晚上躺在床上可以仰望星空。

## 批判

“建筑一定要对当今社会有批判的态度。”有人可能会发现，篮球场为什么不是横平竖直，四四方方的呢？明代思想家、书法家傅山曾说：“宁拙毋巧，宁丑毋媚，宁支离毋轻滑，宁真率毋安排。”古人不乏这种实践，从郑板桥的书法的乱石铺街到建设案例里的报石村、伏坎村，其实都是一种破坏。破坏带来的力量是非常强大的。打破格局，才能建立新的秩序。这种新，往往出人意表，带来惊喜。就营地建筑群组而言，这个惊喜就是在旧有建筑的大框架里产生了一个自由生长的系统。这是建筑的自我变化。

## 态度

营地整体上避免了直白的平铺直叙，好几栋建筑都有高低错落的户外平台、院落和外摆。建筑有了自己的态度和个性。不是传统风格，不是现代主义，也不是后现代主义。现代主义建筑大多主张设计服从于功能，注重解决建筑的使用功能和经济问题。而这座营地是一个反现代主义的建筑，它不想落入任何一个设定。他就在那里，等人们来发现自己的喜怒哀乐、见解和主张。他是一个反叛的孩子，棱角分明，有自己的主张，有自己的思想。融合、包容、有棱角。小不和谐，大体安静，不愿被贴上标签。而我们作为教育者，不就是要倾听他们，发现他们，理解他们吗？

给建筑赋予态度，就像给孩子建立人格。

Magis Spun 陀螺椅

从 2012 年北戴河歌华启行营地就使用这款家具，对于启行来说不只是一件家具，更像是营地的一个特征。

从歌华营地，到阿那亚体验中心，再到西港营地，启行一直在坚持使用这款陀螺椅，它给孩子带来很多乐趣。它安全度高，颜色鲜亮。启行的营地建筑在设计上希望极大限度地传递出事物本真的质感和原有的面貌，因此大多风格沉静简约，而陀螺椅跳脱的色彩，恰如其分地点缀了空间气氛，给人以轻松愉悦感。

# 教育从审美开始

DETAIL REFLECTS
BEAUTY

## 家具与软装

启行坚信环境本身就是孩子的老师，所以在软装和家具方面坚持很高的审美标准。

Magis Puppy 小狗椅

外形圆润、可爱，充满童趣，让人有随时想坐上去尝试的好奇心，是营员们最喜欢也是使用频率最高的家具之一。

Steelcase Node 圆形一体椅

2018 年年底，启行营地创始人赵蔚在美国访问高校时看到美国孩子在教室中的情景，学生们可以在椅子上独立阅读，也可以通过滑动椅轮随时组合成不同形式的讨论小组或集体，甚至很方便去到教室范围内的任何地方，获取学习过程中的需求。而这一点正好符合营地的教育理念：尊重个体与自由，享受集体与合作。于是启行在西港营地选用了这款座椅。

前台
Reception

Rs Barcelona 西班牙进口桌上足球

启行营员们休闲娱乐和社交的经典场景。既有竞赛的乐趣，又有团队协作的过程；
既能训练动手能力，又需讲究策略，是脑力体力综合的游戏。

Thonet Vienna Cafe Chair 维也纳咖啡椅

它被誉为“椅子中的椅子”，被现代主义设计大师勒 · 柯布西耶称赞：“从没有一种人造物有着如此优美的造型却又被如此精准地加工出来。”它结实耐用，适合多种场景　成人及孩子皆可用，充满安心感。

秦皇岛南临渤海，北倚燕山，山川与大海交汇，造就了它多样的地形，也带来了丰富的自然生态资源，从海洋到林间，从天空到陆地，丰富异常。

启行·西港营地是中国第一个自然博物主题的营地，是坐落于山海间的自然博物馆和艺术馆。这里最大的特色是“海洋”，围绕“海洋与我”的主题，营地开设了文化、科学、太空、自然、海洋和木工六大主题工作坊。整个体验月期间，3~18 岁的孩子和亲子家庭在这里都能获得丰富而又美好的体验。

# 教育从体验开始

EXPERIENCE BUILDS
LEARNING

THE

## 海洋 认知世界的窗

近海滨城，西港孕育了许多有渤海湾代表性的生物。在启行的西港营地里，就有一个小型的「渤海湾海洋馆」，一面海洋主题墙浓缩了一整部海洋生命进化史。营员们通过研究此时此地的真实生物，进而思考个人与环境的关系，引发对环境的责任感，胜任当下。他们还将学会使用显微镜等科学仪器进行观察，掌握科学研究的方法，进行可持续的学习。

几个巨大的鱼缸里，珊瑚、海马、虾蟹、小丑鱼……欢快地等待孩子们的到来。

其中的镇馆之宝，是一枚珍贵的菊石。那是2.5亿年前还长着壳儿的八爪鱼化石，孩子们可以亲手触摸自然造化的神奇。

启行西港新营地主题——「自然博物」，启行西港营地将以海洋生态作为特色课程，从地球生命的起源，到人类与海洋的关系；从海洋生命的多样性，到丰富多彩的世界万物……为孩子们打开一扇认知世界的窗。

IDEAS

# 世界从自然中展开

秋风送爽，大气清朗。白日的营地是孩子们的超级乐园。蜕了壳死去的蝉，奋力拉着食物的蚂蚁，新长出的一朵雏菊……大自然对孩子有着天然的引力，孩子们通过对自然环境的认知，感受和识别自然的鸟木虫兽，是认知世界的重要开始。

# 探索未来从这里开始

星星眨着眼睛，孩子们和它对视。从一颗星联想到一个星球，再到偌大的宇宙，未来到底是什么样子？也许孩子们通过太空望远镜能窥探一二。太空工作坊不仅让孩子认识宇宙的奥秘，更能从其中认识自己，从而引发一些对未来的想象。

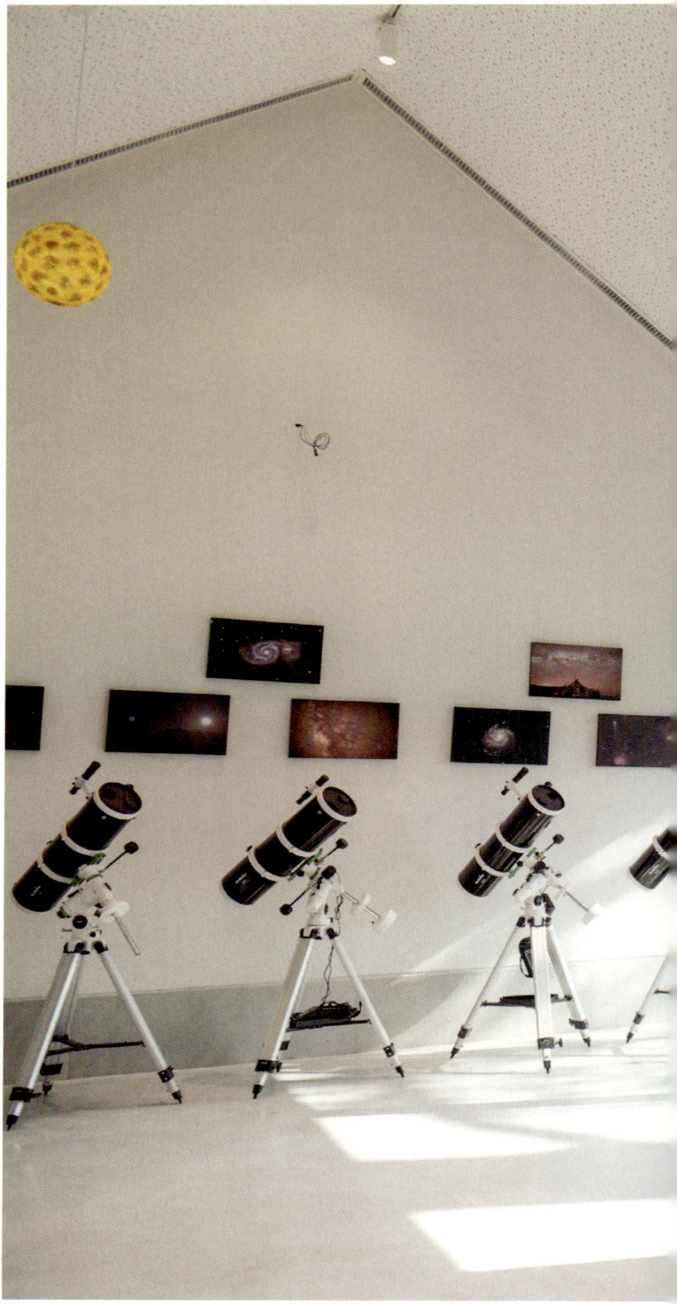

# 魔术背后的故事

除了认真地研究昆虫，最能让孩子们目不转睛的就是魔术了。孩子的好奇心和专注力比成人强很多，能把魔术背后的科学知识传递给孩子，让他们了解万事万物都有其运行的规律，是魔术带给孩子的最大价值。

# 美从文化里生出

美的教育来自听到什么、看到什么、接触什么。美是看不见的竞争力，它静默地塑造着每一个生命。中国传统文化里的美，可以通过花艺、工笔写意书画、茶道等体现，它并不是大人的专场，带着孩子有时却能收获更多意想不到的亲子快乐。

孩子画出的一幅画，有来自你温柔的关注，凝结了亲子最好的时光。

# 小木头里藏着大学问

木工坊是动手实现，把原型变成作品或者制定方案的场所。我们选取木工这一门老手艺来教授设计思维，是因为未来教育并不局限于手段的创新，相反，它与富于智慧的传统技艺结合，就会形成新的生命。

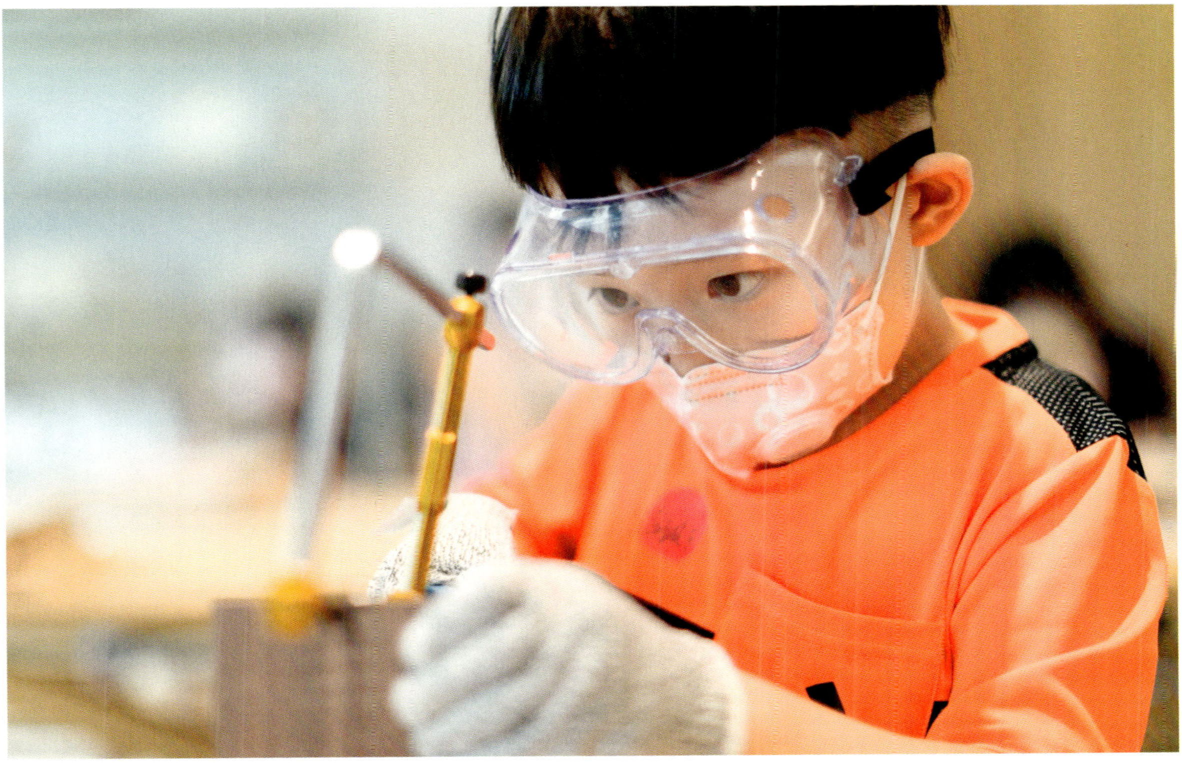

# 身心健康—生活即教育

身心健康是营地教育非常重要的有机组成元素，让孩子们学会用健康的食材料理出营养美味还有艺术感的食物，符合杜威和陶行知先生提出的「生活即教育」的理念。此次体验月体验到了餐桌，饮食是不可不提的亮点之一。

清晨还结着露水的番茄，和刚刚被捕捞起来的鱼，经孩子、父母与健康工作坊老师共同完成的料理，一眨眼就变成了「米其林」大餐，一个愉快的傍晚开始了……

# 置身于沉浸式的文化体验

不仅有山海间的博物相伴，西港营地还邀约茶、乐、艺等不同的艺术家，为每个家庭带来了美的盛宴。集合中华花艺古乐书画茶道等雅集，让大家的五感被无形的美包裹滋养。

袅薄雾中，茶香缥缈，
悠悠古乐里，重拾生活
的诗意和美好。

赴一场营地音乐会，在推门即与草坪无缝连接的小剧场里，每个人都可以沉醉在悠扬的琴声中。

I N C U B A T I O N

# 孵化·未来城市

INCUBATE THE FUTURE CITY

# 西港故事

## 港口岁月

秦皇岛港自1898年开埠建港至今已有120余年的历史，秦皇岛因港而生、因港而兴，其工业文脉、城市文脉都与港口有关。它南临渤海、北依燕山，拥有环渤海最优海洋水质和良好的自然与人文资源，是国际级滨海休闲度假核心城市，也是京津冀重要的国际滨海休闲度假城市。

随着港口贸易的发展，秦皇岛作为我国首批沿海开放城市、国家创新型城市试点城市和全国性综合交通枢纽，成为了世界最大能源输出港、最大铝制品生产加工基地、北方最大粮油加工基地。在“一带一路”倡议下，秦皇岛正承担着东北亚地区合作重要节点、京津冀协同发展非首都功能疏解承载区的重要角色。

一个跨越了120余年的港口，开埠之初即肩负起国家昌盛、民族复兴的重任，成为当时中国北方唯一一个政府自开主权口岸。千年龙巡堤，百年大港口，这方集悠久历史和美丽风光于一身的福地，正加速转型，跨越升级。历史与现代交融、艺术与科技融合，绿色宜居，一座开放创新的城市将在这里扬帆起航！

## 西港创新

西港区拥有陆域面积 4.78 平方公里，码头岸线 4.75 公里。这里是秦皇岛港的发源地，也是秦皇岛市的发源地。绝佳的地理优势让它成为了国家北煤南运主枢纽港、全球最大的公众煤炭码头，以及世界最大的煤炭输出港和干散货港。

随着城市的发展，西港区要退出原有的煤炭运输业务。按照以城定港的原则，这里将建设成为国际旅游港和综合贸易港。这不仅是国家京津冀协同发展战略的重要组成部分，更是河北省打造沿海经济带的重点项目。为此西港将按照“世界眼光、国际标准、中国特色、高点定位”的原则，既做整体片区的开发，同时又要培育和引入战略性新兴产业。西港产业园将聚焦国际高端旅游、跨境大宗贸易、战略新兴服

务三大现代临港功能，对标世界级滨海旅游城市的水平要求，打造集邮轮游艇产业、保税购物消费、国际高端会展、跨境高端医疗、临港商务金融、滨海主题娱乐等多功能融合为一体的国际一流滨海新城区和多元融合型产业园区，成为中国港口转型、港产城融合的新典范。

西港人努力将其打造成为工业与时尚聚合、历史与现代交融、绿色、智慧、人性化的港产城融合新园区。希望汇聚世界上有情怀、有担当、有远见的朋友们与之同行，互利共赢。

Enjoy
咖啡 漫时光
咖啡 漫时光
BOX
COFFEE
阅读
BOOK

## 你好，我是西港花园

西港花园是国际旅游港起步区一期工程，由近海 1200 亩土地改造而成。园区景观皆由港口百余年废弃的设备设施重新加以设计和改造而来，既不乏独有的工业氛围和深厚底蕴，又充满海港味道、时尚气息。这里有秦皇岛港和秦皇岛市发源地地标“开埠地”，有中国离海最近的火车站“开埠地站”，有唯美浪漫、温馨静谧，以爱情、婚庆为主题的婚庆文化产业园“海誓花园”，有引领品质生活、畅游蔚蓝大海的“帆船游艇营地”等。由于河北港口集团科学合理的保护开发，秦皇岛西港项目成功入选第二批国家工业遗产名录，成为秦皇岛市享有独特工业旅游价值的人文景区。目前已免费接待市民和各地游客近 30 余万人次。西港花园免费对外开放，标志着河北港口集团还海于民、还景于民，大力推进港城融合步伐迈入崭新阶段。

与此同时，世界级陶艺大师朱乐耕作品展、秦皇岛国际帆船赛、全国街舞锦标赛、“风雅诵”端午音乐艺术赏鉴会、慕容说秋冬时装发布会等各类高端文艺体育活动纷纷在西港花园精彩上演，为百年港口带来全新时尚风潮，让这片被列为国家工业遗产的西港区焕发出独有的文化艺术气息，将昔日“黑色”能源口岸转化为绿色生态岸线，西港花园就此成为百年老旧工业向绿色生态产业转型的新引擎。未来秦皇岛将以西港花园为起点，立足国际标准，坚持高端定位，持续将西港打造成为“旅游 + 科技 + 健康”产业融合平台，成为健康之园、文化之园、靓丽之园，并以此地作为美丽港城建设的新起点，打造秦皇岛港新的百年基业。

## 文化展览

南栈房规划展馆

原是秦皇岛港第一座大型货物仓库，建成于 1905 年，主要是用于古巴糖和粮食的存储，2008 年被评为省级文物保护单位。2018 年将其改造成规划展馆，“河港杯”首届河北国际城市规划设计大师邀请赛的最终成果在此进行展示。

大、小码头

同为百年秦港的发祥地，被称之为开埠地。为什么把这里称为开埠地？原因有三：一、1898 年清朝光绪皇帝钦批在秦皇岛自行开埠建港，成就了近代中国北方唯一一个政府自开主权口岸；二、这里是港口发祥地，城市源于此；三、这里是西港新城蓬勃发展的起点。百年风雨，百年沧桑，大小码头托起的是一个大港，兴起了一座城市。但是随着港口和城市的发展，港口需要转型发展，需要建设绿色生态港口，这就需要西港区逐步退出，从完善城市功能出发进行新城开发，按照国际标准、中国特色、高点定位的标准打造全新生态港湾。

## 高端婚庆

### 海誓花园

海誓花园名称取自成语“海誓山盟”，是一个充满浪漫与爱情气息的婚庆主题文化产业园，也是西港花园的精品项目。这里原是秦港股份三公司的机械维修队，闲置后以因地制宜、修旧利旧为原则，在保护原有历史风貌的基础上，将其改造为婚庆文化产业园。面朝大海，背靠南山，依山傍海，水天一色，这里拥有离海最近的火车站“开埠地站”，并拥有独立的私属海滩，是京津冀最浪漫的婚庆小院。

秦旅山海号
QIN LV SHAN HAI
DF4D4408

## 休闲游艺

开埠地码头

以“康旅祖山行，体验山海经”为主题，演绎秦皇岛历史文化经典内涵，开埠地码头有机串联了秦皇岛 162.7 公里海岸线上的多个码头、名胜古迹和滨海风景区，为游客打造充满浪漫氛围和深厚文化渊源的“海上仙境”，带来“梦秦寻仙”古典文化氛围与互动式的养生文化体验。

开埠地站——中国离海最近的车站

连通“秦旅山海号”的观光小火车，列车自文化广场始发，终至西港花园内开埠地站，沿线两座新式的尼尔森体系钢架桥、老铁路、老天桥等都将一一展现在眼前，带你近距离感受秦皇岛百年的沧桑巨变。

铁路花海

原为铁路车场，是秦港股份铁运公司倒运火车的主要枢纽通道。铁路公园白 18 个集装箱组成，包括机车博物馆、咖啡厅、书吧，另外还在铁路花园里陈列了三列火车头，东风、捷力和日立，三个具有时代标志的品牌，成为游客拍照留念的热门地点。利用 14 条铁路线空间范围进行空间绿植提升，组成铁路花海。白天参观游览，晚上利用火车灯桥和沿线投影打造灯光秀场，再现新时代下的时尚港口奇幻色彩。

天使湾涯店

原是秦港股份三公司队部基地，现改造成船舱主题酒店。运用木质材料，营造出旧时光氛围空间，再现海港轮船的外观，是独一无二的原创型酒店。在这里不仅有舒适的体验，还能感受到秦皇岛独特的码头文化。

天使湾酒吧、书吧

原为秦港股份四公司礼堂，现已改造成集餐饮、休闲、会议及阅读功能为一体的综合区域。建筑色调选用海军蓝灰与酒瓶绿色调营造空间，设计灵感源自秦皇岛工业蓬勃发展时期的城市特征及秦港独特的码头文化。当年码头的锅炉房，现在已改造成为北欧风格的叙缘咖啡馆。酒吧吧台用老枕木搭建，二层观景平台是整个小院观景效果最好的地方。仔细聆听，在有海风的时候挂在树上的风铃随风摇动，发出清脆悦耳的声音，与眼前的绿意，夹杂微咸的海风相互呼应，使人舒适、惬意。

## 体育健康

**帆船游艇码头**

原为西港区工作船码头，改造后成为了秦皇岛帆船游艇港，有 58 个泊位，可停靠 12 米或 18 米的帆船、游艇。帆船游艇码头开展帆船营地式教育基地的建设运营，致力于打造中国北方最大的游艇产业中心。携手对标法国水上运动、航海产业，形成有国际影响力的游艇赛事品牌，构建推动集团转型的游艇全产业链。

FAREAST 28R
泰盛鸿洲 8 号
FAREAST 28R
泰盛鸿洲 6 号
LEAVE Y

# 城市孵化教育
# 教育换新城市

## 面朝“未来教育”的彼岸前行

教育要面向世界，面向未来，面向现代化。

——邓小平

教育兴则国家兴，教育强则国家强。

教育决定着人类的今天，也决定着人类的未来。

——习近平

只有通过教育才能在未来与西方技术竞争。中美贸易的根本问题还是科技教育水平，国家一定要开放，才有未来。

——任正非

2018 年全球竞争力中国排名 28，其中平均受教育年限、劳动力市场、技术能力等排名均较低，而这些指标均与教育息息相关。现今教育面临着挑战与机遇。一方面，世界正在从工业经济转向知识经济；另一方面，在互联网环境里长大的一代，他们的学习动机已大不相同。传统教育只能解决静态知识的传递，而未来教育更着眼于全人培养， 能力、 性格、思维等需要在互动与体验场景中获取和提升。这两方面的趋势对教育系统提出了根本性的挑战，同时也带来了机遇。未来社会需要什么样的人才？我们需要什么样的未来教育？

未来国家间的竞争更多将是科技力量的竞争，归根到底是教育的竞争、人才的竞争，而决定人才资源质量的实质在于教育。未来教育不仅决定了孩子们将来面对这纷繁变幻的世界的胜任力，更是一项关于人力资源的国家战略。因此，未来各个产业的发展都必将依托教育产业这一基础设施的承载。

# 教育改变城市 – 波士顿城市发展案例

波士顿是美国东海岸的主要海港之一，同时也是美国东北部高等教育和医疗保健中心，是全美人口受教育程度最高的城市。在波士顿大都会区拥有超过 100 所大学，超过 35 万名大学生在此接受教育，素有“智慧之城”“美国雅典”之称。

面积 :232km$^2$

人口 :465 万

GDP: 4 029 亿美元

失业率 : 3.8%

年薪中位数 : 60 540 美元

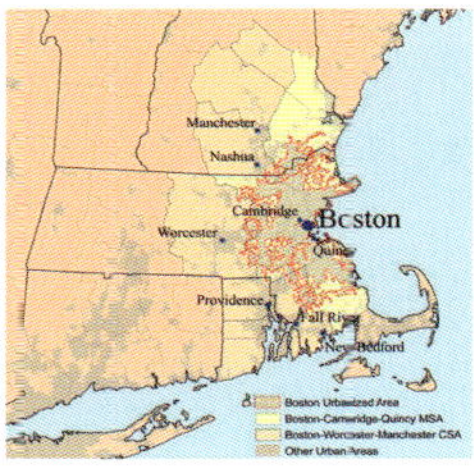

早在 19 世纪中叶至 20 世纪初，波士顿依靠航道及铁路网带来的交通优势，实现了服装、皮革制品和机械等工业的蓬勃发展，促使其从传统的港口城市发展成为美国最大的制造业中心之一。20 世纪中期，波士顿的工业进入萧条期，整体经济迎来了长达半个多世纪的持续性衰退。直到 20 世纪末，波士顿因大力发展教育产业，带来人才与机构创新势能的释放，实现城市转型发展。如今，波士顿成为美国金融、贸易、教育和高科技的中心，拥有世界范围内顶级的教育资源，也是高等教育机构数量在全美单一大都市最多的城市，拥有超过 100 所大学，20 余个图书馆，10 余家博物馆、收藏室和画廊。超过 50 个全球 500 强创新中心在此驻扎。可以说，大力发展教育是波士顿从港口贸易和制造业城市转向创新城市的关键。它所带来的雄厚人力资源优势使城市得以再造，化危机为机遇，成功实现了从传统制造业向高科技、金融和商业服务业等新型产业的转型。

近年来，波士顿不断探索“教育创新”，让城市、企业和社区成为新的教育场所，推出更符合未来发展需求的创新教育形式，为城市培育了大量创新型人才。得益于顶级教育资源所带来的人才与技术优势，波士顿将高端产业吸引到本地，包括计算机硬件与软件、金融、生物科技等领域的顶级企业。如今波士顿已成为全球最重要的高科技产业城市之一、美国主要高科技创新中心和最大医疗研究中心、美国顶级金融城市之一。波士顿市长办公室于 2016 年发布了全新的城市发展规划《波士顿 2030》(*Imagine Boston 2030*)，将波士顿定位为“创意之城”(City of Ideas)。依托教育产业，多样化的人力资源构建了波士顿富有竞争力的产业体系，波士顿再次实现了产业转型升级。

波士顿的教育创新主题

创业思维

创造性思维

设计教育

创客教育　艺术教育

职业教育

世界公民极客

创客空间

# 聚焦教育 – 智汇赋能城市

近年来，依据国家及地方教育产业政策导向，研学旅游纳入中小学日常教育范畴，鼓励探索 STEAM 教育（科学 /Science，技术 /Technology，工程 /Engineering，艺术 /Arts，数学 /Mathematics）、创客教育等新教育模式，素质教育也逐渐从补充走向主流。从学前教育、K12 教育、高等教育，再到职业教育、营地教育，多层次的教育产业聚集和更丰富的教育产业链逐渐形成，实现高效集群，为城市教育搭建人才培养服务链。

在全球教育发生改变的今天，有着 120 余年历史的秦皇岛西港正在实现华丽转身。作为探索未来教育生活的创新教育载体，启行・西港营地的诞生就是联合政府和学界做出的一次大胆尝试，承担着探索未来教育发展的功能和使命。

西港引入以营地教育为代表的示范型教育产业，通过打造核心项目、培育专业化运营团队、制造区域影响力，吸引带动其他教育产业集聚，从而实现文化教育全产业链的发展。再通过高净值人群和高价值产品的带动，进一步促进西港地区旅游、金融、大健康、会展等产业联动发展，打造具有国际竞争力的产业体系。可以说，聚焦教育是城市加速引入战略型新兴产业、践行教育现代化理念、培养未来人才、推动产业升级与经济发展的重要举措。

与此同时，西港借鉴国外儿童友好型城市建设经验，为助力创建国内首个儿童友好型社区贡献经验。

"如果我们能为孩子们建设一个成功的城市，我们就是为所有人建设了一个成功的城市。"

恩里克 · 潘纳罗萨（Enrique Peñalosa）
前哥伦比亚波哥大市市长，城市和交通政策专家

为什么要聚焦儿童？

目前，全球城市地区人口已达到 40 亿，其中近三分之一是儿童。随着城市化的发展， 越来越多的土地被转变为城市空间。到 2050 年，预计世界上近 70% 的儿童将居住在城市地区，城市环境将成为成长的决定性因素。尤其是在发展中国家，城市人口自然增长的 60% 仍由儿童驱动，因此塑造对儿童友好的环境对城市未来的发展至关重要。对于一座城市来说，儿童的健康成长既是责任也是机遇。

为了应对全球城镇化、去中心化程度日益提高的现状，联合国儿童基金会于1996年发起儿童友好型城市倡议，旨在支持世界各国市政府以“联合国儿童权利公约”为基础，实现地方一级儿童的权利，共同创建安全、包容、充分响应儿童需求的城市和社区。目前该倡议已覆盖全世界 38 个国家的大约 3000 万名儿童。儿童友好型城市（CFC）是一个城市、城镇或社区的治理体系，致力于通过实现“联合国儿童权利公约”所阐明的权利来改善其管辖范围内儿童的生活。其中以儿童的需求和权利作为优先事项，是公共政策、计划和决策的重要组成部分。具体包括：给予儿童参与决策的权利、提供儿童完善的社会服务体系、保障儿童生活环境的安全和满足儿童各类行为活动的需求等方面。全球已有 40 多个国家和地区的数百个城市参与到了儿童友好型城市的建设之中，且多数国家和地区已取得成果。

注：数据资料来源于联合国儿童基金会《构建儿童友好型城市及社区手册》《儿童友好型城市规划》

* 参与儿童友好型城市倡议的国家 / 地区

ARCTIC
AFRICA
ANTARCTICA

FRIENDS OF

美国第一儿童友好城市

素有“美国第一儿童友好城市”的丹佛市将全市 46 块废弃的学校场地改造为充满吸引力、多用途的户外儿童游乐空间。既为当地儿童提供了多样化的、自然的游戏空间，又为儿童提供认知自然、熟悉自然的见学场所。多个见学地景空间逐步形成网络，成为不同规模和层次的、步行可达的儿童户外游乐场地，探索出了“见学地景”(Learning Landscape) 的发展模式。

新西兰克里斯特彻奇

让孩子们回答特定的问题，以及亲自动手描绘，以综合获得他们关于城市的意见；通过参考、采纳儿童需求与建议，对城市环境、公共政策、儿童权利等多个领域进行改革；建造儿童友好饭店、咖啡馆、儿童友好户外空间等场所；完善儿童青少年教育体系；减少校园欺凌；为贫困儿童制定一系列福利政策。

荷兰代尔夫特 · Kindlint

2008 年启动了 Kindlint（儿童出行路径）项目是为独立出行的儿童修建安全道路的项目。沿途兼具可玩性与安全性，儿童可以在没有成年人陪同的情况下，在街区内自由活动。截至目前，代尔夫特共有 200 多个住区完成改造。“儿童出行路径”的改造由一个居住街区开始，逐渐扩大到区域，最后连接整个城市，将整个城市转变成巨大的儿童活动场地，将代尔夫特完善成为一座儿童友好城市。

每座城市都有可能成为儿童和成人的“人生学校”。在街道和其他公共空间，儿童第一次体验到独立的概念，在易于激发潜力的环境中锻炼认知和社交技巧，并有机会通过推理和经验做出决定。就像在家里和学校一样，儿童会吸收所有的信息，包括别人告诉他们的，他们自己听到、见到、学到的，以及在城市环境中接触到的一切。儿童与城市环境的关系不仅涉及公共服务的提供或公共空间的距离等规划问题，儿童与城市资源系统相互影响的切入点还包括例如交通、自然环境、用水和环境卫生、粮食、能源和数据等方方面面。这些城市系统在社区和城市，以及域区范围之外的区域内运转，对儿童的行为产生了直接影响，这种影响将贯穿他们的整个童年。因此，“每个儿童和青年都能拥有愉快的童年和青年时光，在各自的城市和社区中，平等享有自身权利，充分发挥自身潜力”，这是联合国儿童基金会儿童友好型城市倡议的愿景，也是西港探索实践未来教育的一个长效、可持续发展的目标。

# 启行始于营地
# 但不止于营地

## 始于星火，营地教育在这里开始

2008年，启行从青年发展基金会起步，四年沉淀，启行想为更多孩子带来全球先进的教育理念和资源。2012年，启行的营地元年开启，并创办了中国第一个国际标准的营地教育研发中心——北戴河启行歌华营地。

营地教育在欧美已经有150年的历史，但在中国才刚刚起步。要打开中国营地市场、打造高标准的营会，连接全球营地教育资源是必经之路。2014年，启行与全球15个国家的顶级营地达成战略合作。

在兼顾自身发展的同时，启行也肩负着行业使命。2015年，启行发起并推动了中国营地教育联盟成立。2016年，启行开始为行业提供营地教育的综合解决方案。

经过几年的筹备，启行的北戴河、南戴河两个营地投入使用。其中北戴河营地自2012年建成以来已服务了来自全球20个国家的3万名营员。

从基金会的发展到营地教育的领头企业，启行营地教育的十年历程，恍如昨日。作为启行营地教育的创始人，赵蔚用“自然生长”来形容这十年的历程。因为教育急不得，每一处设计的背后都代表着一个孩子的成长。

赵蔚将营地教育定义为“家庭教育与学校教育的有益补充”。如果说营地教育在今日中国渐成星火之势，那开启这历史一幕的力量，离不开启行最初的砥砺前行。

## 初心不忘，营地教育是关于人的理想

教育离不开人，营地教育是让孩子成为更好的人的教育形式。启行自然生长的十年，也是人气和人力聚集的十年。正是这些人对教育的热忱，启行营地教育的理想才能在诸多琐碎中不断盛放。

启行拥有一批忠实的小粉丝，有的已经跟随启行十年之久。他们在营地介绍自己时，会此起彼伏地说，我来启行两年、四年、十年……启行最早的一批营员已经成为大学生，他们在寒暑假继续回到启行，担任营地导师，为小营员们服务。能得到孩子的信任和追随，无疑是这十年付出最有价值的认可。

陪伴启行成长的不只是孩子，那些帮助启行从最初想法到落地实践，一步一步搭建起来的团队更是启行十年无法复制的核心竞争力。

据悉，启行的专业研发团队由国外资深营地教育专家、国内具有 5 年以上营地教育实践经验以及具有教育学、心理学背景的人组成。打磨产品，研发先行，在赵蔚看来，给孩子的东西一定要最好的，因为孩子的成长是一条单行线，没法回溯。

启行在培养人才上，也是理念先行。对于一个新的行业，人才紧缺是必然的。自 2012 年启行启动“大学生营地导师”培养项目以来，2013 年、2014 年培养的大学生有的已经成为了启行的全职员工，有的成为了启行产品版块的负责人。

人才是 21 世纪每个企业都渴求的资源，但有的企业用薪水、用品牌来招揽人才。在启行，**赵蔚认为，凝聚团队最重要的力量是：“用爱，对教育，对孩子的爱”**。

## 激荡十年，营地教育需要行业标杆

经过十年积淀，接下来十年启行有了更大的目标。“全球教育版图中，营地教育已不可或缺。**目前营地教育成长性最好的国家就在中国，未来十年，营地教育大有可为，启行要做的就是顺势而为。”**

众所周知，消费升级、素质教育已成为刚需。据估计，素质教育将迎来 4000 亿元人民币的市场规模，近 2 亿名青少年有素质教育和营地教育服务的需求。启行用另一组数据解释了启行的“顺势而为”：**到 2022 年我国将建设 10 个国内营地、5 个海外营地，将拥有 10 万名线下营员、1000 万名线下青少年。**

启行夏令营、日常营、周末营等项目相继推出，并推出了常熟人文营、日本北海道夏令营、国际少年营地。其中，日本营地是启行营地向海外延伸的力证。赵蔚说：“日本营地从 2016 年 5 月开始建设，历时三年才完成。启行希望全力把营地建设好，给孩子们一个完美的营地。” 南戴河阿那亚夏令营更是首次和美国顶级太空营地合作，推出了太空主题的夏令营。高品质也伴随着高标准，启行对标准的要求近乎苛刻。赵蔚举例说：“启行关于营地的餐饮管理有 260 页，一个营地会有 60 多个标准。每年暑期结束后我们会进行系统梳理，各个部门互相指出问题，之后继续改善、循环。启行每年还会请专业咨询公司对启行的现状和发展进行评估，包括可能遇到的风险。”

在赵蔚看来，满足安全、舒适才能称为一个合格的营地。**“好的环境会说话，营地就是一个应该让孩子感觉放松和舒适，让教育在这里自然发生的地方。”**这些高标准不仅是对启行，也是对行业。“孩子的时间是最宝贵的，孩子无小事，启行希望以孩子为中心，坚持做有价值、有意义的教育，让合作伙伴、家长和孩子感到启行是值得信赖的，启行也希望以自己的专业能力成为行业标杆。”

汇聚行业生态链发展，提供内容机构、设计供应、周边产品等全方位行业解决方案，已经写在启行未来的规划里。“为青少年创造适合未来成长所需的教育新场所、新课程、新体验，助力青少年获得 21 世纪所需的核心能力是我们一直以来不断摸索的方向。我们希望孩子们可以在大自然中、在博物馆里体验学习。”启行教育集团创始人赵蔚如是说，“而启行 · 西港营地作为秦皇岛试水未来教育的重要载体，也承担着探索未来教育发展的功能。我们希望未来通过营地教育与西港产业进行融合，和西港一起打造一个关于未来教育生活的创新教育载体。”启行 · 西港营地是启行联合河北政府、学界做出的尝试，启行计划为在秦皇岛打造首个中国儿童友好社区而助力。

人生中最幸福的事情是找到可以为之奋斗一生的事业，赵蔚这十年的耕耘时光无疑是喜悦而幸福的。“一切过往、皆为序章”，满怀对未来的期待，从营地教育出发，启行正潜心探索中国孩子素质教育发展更多的可能形式。

# 致谢

本书在编辑过程中得到了多方单位、机构及团队的大力支持和帮助。谨代表西港遇见未来教育编委会，感谢 2019 年 8 月遇见 · 未来教育体验月中启行西港营地的所有工作人员，感谢所有因此汇聚并为之努力的同行者们。

西港遇见未来教育编委会

图书在版编目（CIP）数据

遇见未来教育：在西巷启行 / 西港遇见未来教育编委会编 . -- 上海：同济大学出版社，2020.9
ISBN 978-7-5608-9439-3

Ⅰ . ①遇… Ⅱ . ①西… Ⅲ . ①中小学生－课外活动－教学研究－汉、英 Ⅳ . ① G632.428

中国版本图书馆 CIP 数据核字 (2020) 第 153019 号

遇见未来教育
在西港启行
西港遇见未来教育编委会 编

出品人：华春荣
责任编辑：晁艳
编辑：刘诚诚
平面设计：宋志国、田欣灵
责任校对：徐逢乔
版 次：2020 年 9 月第 1 版
印 次：2020 年 9 月第 1 次印刷
印 刷：上海安枫印务有限公司
开 本：787mm × 1092mm 1/16
印 张：11.5
字 数：287 000
ISBN：978-7-5608-9439-3
定 价：88.00 元
出版发行：同济大学出版社
地 址：上海市杨浦区四平路 1239 号
邮政编码：200092
网 址：http://www.tongjipress.com.cn
经 销：全国各地新华书店
本书若有印刷质量问题，请向本社发行部调换